Barbara Berger

Meditationen

MEDITATIONEN

TORE ZUM BEWUSSTSEIN

Aus dem Amerikanischen von Eva D. Hofmann

BARBARA BERGER

//////////////// SILBERSCHNUR ////////////////

Copyright © 1997 Barbara Berger · Originaltitel: Gateway to Grace –
Barbara Berger's guide to user-friendly meditation

Copyright © 2010 der deutschen Ausgabe:
Verlag »Die Silberschnur« GmbH

ISBN: 978-3-89845-292-2

1. Auflage 2010

Übersetzung: Eva D. Hofmann
Gestaltung & Satz: XPresentation, Güllesheim
Druck: Finidr, s.r.o. Cesky Tesin

Verlag »Die Silberschnur« GmbH
Steinstraße 1 · D-56593 Güllesheim
www.silberschnur.de · E-Mail: info@silberschnur.de

Inhaltsangabe

VORWORT

Meine Anleitung zur
benutzerfreundlichen Meditation

*Spiritualität ist nicht länger nur
wenigen Auserwählten zugänglich.
Spiritualität steht allen offen.*

Immer mehr Menschen lernen zu meditieren.
Was einmal eine esoterische oder spirituelle Erfahrung
für wenige Auserwählte war, ist heutzutage allen
schnell zugänglich. Immer mehr Menschen fühlen
sich von der Reise ins Innere angezogen und erleben
ein tiefes Verlangen, sich nach innen zu wenden
und die so genannte "spirituelle" Erfahrung un-
mittelbar selbst zu erleben.

Früher war es ausreichend, Gurus, Meistern
und anderen weit entwickelten Seelen zuzuhören,

die uns sagten, dass es da noch mehr gibt – etwas, das man höheres Bewusstsein nennt. Heutzutage reicht das nicht mehr aus. Jetzt wollen wir diese glückseligen, erweiternden Bewusstseinszustände selbst erfahren.

Diese Verschiebung – diese wichtige Veränderung in der Art und Weise, wie wir das Leben und unsere Beziehung zu ihm betrachten – ist Teil der großen globalen Revolution des Bewusstseins, die in unserer Zeit stattfindet.

Aber mit der Vorstellung davon, was Meditation ist, ist immer noch viel Geheimnisvolles und viel Verwirrung verbunden. Daher ist dieses Buch ein Versuch von mir, einen Teil dieser Verwirrung aufzulösen und dazu beizutragen, dass sich für dich in deinem Leben die Tür zum höheren Bewusstsein öffnet.

Mein grundsätzlicher Ausgangspunkt ist der folgende: Da ich lernen konnte zu meditieren, kannst du das auch.

Als ich erst einmal damit begonnen hatte, stellte ich fest, dass Meditieren leicht ist und dass es jeder kann. Man braucht nicht viel Zeit oder irgendeine spezielle Ausbildung oder Fähigkeit – alles, was nötig ist, ist der Wille, es zu tun. Und Übung!

Ich stellte auch fest, dass es viele verschiedene Arten der Meditation gibt – und dass die verschiedenen Methoden oder Techniken auf verschiedene Art wirken und für verschiedene Zwecke gut sind. Deshalb habe ich in diesem Buch versucht, einige der Methoden zu beschreiben, die für mich wirkungsvoll waren. Und ich habe auch versucht, dir den Einstieg so einfach wie möglich zu machen.

Dieses Buch ist in drei Teile gegliedert, weil ich festgestellt habe, dass es für Anfänger auf dem Weg zur Entdeckung des Selbst drei logische Schritte oder Phasen gibt. Ich habe diese Schritte die drei "Tore" genannt. Das erste Tor ist die Erfahrung, sich daran zu erinnern, wer du bist. Das zweite Tor ist die Erfahrung, sich mit seinem Herzen zu verbinden. Und das dritte ist die Erfahrung, die Meisterschaft über das eigene Selbst zu erlangen.

Die Originalversion dieses Buches, das ich im Jahr 1997 geschrieben habe, habe ich noch einmal überarbeitet und an mehreren Stellen durch Neues ergänzt. Aber alles in allem habe ich das ursprüngliche Konzept oder den Geist des Buches nicht verändert.

In diesem Buch sollten und sollen immer noch nützliche Wegweiser auf der Reise nach innen zu finden sein.

Möge das Licht auf deinem Weg leuchten.

Barbara Berger

Neue überarbeitete Auflage

Kopenhagen, März 2002

TOR 1:

ERINNERE DICH, WER DU BIST

Erst wenn wir uns daran erinnern,
wer wir sind, können wir wirkliche
Freiheit und Glückseligkeit erfahren.

M an kann durch sein ganzes Leben gehen und (sogar durch unzählige), ohne sich daran zu erinnern, wer man ist.

Ich weiß das. Mir ist es so ergangen. Und dir wahrscheinlich auch.

Die Illusion des kollektiven Bewusstseins ist nämlich so mächtig, so hypnotisch, dass die meisten Menschen, ohne zu hinterfragen, akzeptieren, dass diese Vision der Realität tatsächlich auch die Realität *ist*. Die meisten von uns verbringen ein Leben nach dem anderen in der Erdenschule und spielen die Spiele, die das kollektive Bewusstsein uns vorschreibt: Beziehungsspiele, Kriegsspiele, Hunger- und Armutsspiele, Spiele des Leidens und des Mangels, Spiele des Lebenskampfes, Abenteuer- und Eroberungsspiele, Spiele des Entdeckens und der Liebe, und die meisten Menschen spielen auch noch die Spiele von Krankheit und Tod. Es

13

scheint, dass all das Teil des Lehrplans der Erdenschule ist. Und die meisten von uns, tatsächlich sogar die Mehrheit, trotten in die Erdenschule und spielen diese Spiele von ganzem Herzen mit. Denn wir haben uns für diese Fächer eingetragen! Wir haben uns für die Illusion angemeldet. Wir haben uns dafür angemeldet, das Wesen der Wirklichkeit zu vergessen, und das haben wir dann auch von ganzem Herzen getan.

Bis es eines Tages genug war.

Bis dir eines Tages dein Herz sagt, dass da noch etwas anderes sein muss.

Bis du es eines Tages leid bist, in jedem Leben immer wieder die Erdenschule zu durchlaufen, und dich diese Erkenntnis überwältigt.

Bis du eines Tages bereit bist, aus dieser Illusion zu erwachen.

Dann beginnt die Suche.

Einige Menschen suchen ununterbrochen, einige suchen sporadisch – aber die Suche hört nicht auf. Und ganz gleich, ob die Suche in unregelmäßigen Abständen stattfindet oder ob man ständig auf der

Suche ist – das Suchen geht weiter. Denn dieser nagende Zweifel, das Gefühl der Unzufriedenheit verlässt dich nie wieder, wie du, der du diesen Überdruss verspürt hast, sehr wohl weißt.

Nie wieder.

Deshalb beginnst du jetzt, dich zu fragen – worum geht es im Leben? Was ist die Realität? Was ist wirklich? Das führt dich zur nächsten Frage: Wie definiert man "das Wirkliche"?

Und du stellst fest, dass du "das Wirkliche" als etwas Substanzielles definieren musst, als etwas, das sich nie verändert. Wenn du so weit bist, entdeckst du sehr schnell, dass der größte Teil deiner Erfahrungen im täglichen Leben nicht "wirklich" ist, weil sich das Leben größtenteils ständig verändert.

Zuerst denkst du tatsächlich: Alles verändert sich andauernd.

Deine Gedanken verändern sich. Deine Gefühle verändern sich. Dein Körper verändert sich. Das Wetter ändert sich. Die Regierung ändert sich. Die wirtschaftliche Situation verändert sich. Deine Beziehungen verändern sich. Die Bäume und Pflanzen und Meere und der Himmel über dir verändern sich. Deine Freunde verändern sich. Deine Arbeit verändert sich. Es ist in der Tat so, dass sich alles in der Welt der Phänomene verändert.

Deshalb fragst du dich jetzt: Gibt es etwas, das sich nie verändert?

Wenn du dann lernst zu meditieren, machst du eine zutiefst erschütternde Entdeckung.

Ja, es gibt etwas, das sich nie verändert!

Du entdeckst an diesem wunderschönen, glorreichen, wunderbaren Tag – während du meditierst – das Eine, das sich nie verändert!

Du entdeckst, dass hinter all diesen sich ständig verändernden Phänomenen, hinter all den sich ständig verändernden Gedanken in deinem Kopf, hinter all diesen sich ständig verändernden Gefühlen, die du erlebst, hinter all diesen sich ständig verändernden Empfindungen in deinem physischen Körper ... ein Wahrnehmen von Bewusstheit ist ... ein Bewusstsein ... von all diesen Veränderungen – und *das verändert sich nie!*

Anders ausgedrückt, es gibt etwas (oder jemanden) hinter den sich verändernden Phänomenen, die du erlebst, und dieses Etwas oder dieser Jemand ist immer da. Es gibt etwas (oder jemanden), das oder der beobachtet, das oder der bewusst ist, das oder der all diese Veränderungen als Zeuge erlebt. Und dieses Etwas oder dieser Jemand verändert sich nie. Es oder er ist immer da. Immer präsent. Anders ausgedrückt, diese Bewusstheit ist immer da, ganz gleich, ob Gedanken vorüberziehen, unabhängig vom Wetter, unabhängig von deinem emotionalen Zustand, unabhängig davon, ob du gesund oder krank bist, jung oder alt, glücklich oder traurig, reich oder arm. Dieser Beobachter, dieser Zeuge, diese Bewusstheit ist einfach da, trotz allem anderen – und beobachtet.

Wir Menschen haben dieser Bewusstheit einen Namen gegeben: Wir nennen sie *Bewusstsein*.

Bewusstsein ist der Zustand, in dem man sich seiner selbst bewusst ist. Wie es im "Websters Unabridged Dictionary of the English Language" (Websters ungekürztes Lexikon der englischen Sprache) heißt: "Bewusstsein ist die Bewusstheit der eigenen Existenz. Der Zustand des Seins."

Und deshalb musst du dich fragen: Wer oder was ist diese Bewusstheit oder dieses Bewusstsein, das sich hinter all den sich verändernden Phänomenen befindet, die du ohne Unterlass erlebst?

Die Antwort liegt direkt vor dir.

Dieses Bewusstsein, diese Bewusstheit bist du. Das musst du sein. Wer sonst oder was sonst könnte es sein?

Dieses Bewusstsein, diese Bewusstheit, dieser Zeuge oder Beobachter, der immer da ist, muss das wirkliche Du sein - denn das ist das Einzige an dir, was sich nie verändert.

Und somit entdeckst du dein wahres Selbst.

Du entdeckst, dass deine wahre Natur Bewusstsein ist. Und dass du tatsächlich das Bewusstsein - die Bewusstheit - bist, das sich nie verändert.

Ja, das ist es, was oder wer du bist!

Du bist das Bewusstsein selbst. Du bist der schweigende Zeuge. Du bist das Bewusstsein, das immer da ist.

Aber was bedeutet das ... dass du *selbst Bewusstsein* bist? Was ist dieses Bewusstsein, als das du dich plötzlich erkennst? Wer oder was ist dieser Zeuge?

Dieses Bewusstsein ist die der Realität zugrundeliegende Natur. Dieses Bewusstsein, dein wahres Selbst, deine wahre Identität, ist nichts anderes als die *Quelle und Substanz aller Dinge*, der Schöpfer aller Dinge, der Schöpfer aller Universen und aller Dimensionen in all ihrer Unermesslichkeit, ihrer Herrlichkeit und ihrer Wunder. Also entdeckst du, auch wenn du das nicht gerade laut zum Lebensmittelhändler an der Ecke sagen würdest, dass dieser Schöpfer, dieser fantastische Regisseur, dieses unbegreifliche Bewusstsein, das die eigentliche Quelle und Substanz der unermesslichen Weite der Zeit und des Raumes ist, das ist, *wer du bist*.

Jetzt erkennst du bald, dass diese Entdeckung absolut wahr ist, so erstaunlich sie auch sein mag, so schwierig sie auch zu begreifen und zu verstehen sein mag. Und selbst wenn dein Ego mit all seiner Überzeugungskraft und seinem nie aufhörenden Geschwätz versucht, dich von etwas anderem zu überzeugen, so weißt du doch im Grunde deines Herzens, dass diese Entdeckung wirklich wahr ist. Du erkennst auch langsam, dass das "kleine Du" – oder das, was du in dieser Welt als deine Persönlichkeit begreifst – nur eine

Sichtweise in der Weite des Bewusstseins selbst ist. Irgendwie und aus irgendeinem Grund bist du ein zentraler Punkt, ein Dreh- und Angelpunkt in der unbegreiflichen Weite des nicht Manifesten, das sich zuerst etwas vorstellt, es dann erschafft und schließlich diese Welt und all die unzähligen Welten in der gesamten Unermesslichkeit der Ewigkeit hervorbringt.

Manche Menschen würden sagen, du hast das höhere Selbst entdeckt. Einige würden sagen, du hast Gott entdeckt. Einige sind der Ansicht, du hattest einen Moment der Gotteserkenntnis. Wieder andere würden sagen, dass ... Aber was auch immer irgendjemand sagen würde, oder was auch immer du sagst, welche schwachen Worte du auch benutzt, um dir selbst diese überwältigende Entdeckung zu erklären, die Erkenntnis ist so tief, so revolutionär, dass sie jeden einzelnen Aspekt deines Lebens völlig verändert.

Ich kann dir versichern, wenn du dich erst einmal daran erinnert hast, wer du bist, dann wirst du nie wieder derselbe sein wie zuvor. Natürlich wachst du morgens immer noch im selben Bett auf, trägst die selben Kleider, hast den selben Beruf, bist mit demselben Menschen verheiratet, fährst das selbe Auto, hast die selben Kinder, gehst im selben Supermarkt einkaufen, aber wenn du in den Spiegel schaust, wirst du dich mit neuen Augen sehen - und deine Beziehung zu allen äußerlichen Aspekten deines Lebens wird völlig und dauerhaft verändert sein. Jetzt und für immer.

Denn plötzlich weißt du, wer du bist!

Und das bedeutet, *du bist frei*!

Wirklich und völlig frei.

Und zum ersten Mal in deinem Leben weißt du auch - auf der allertiefsten Ebene deines Seins - dass du kein Opfer bist, nicht irgendeine Marionette auf einer chaotischen Bühne, die als Leben bezeichnet wird, sondern dass du tatsächlich der Schöpfer dieses Stückes (wie seltsam und erstaunlich es auch sein mag) bist - und gleichzeitig auch der Regisseur.

Und dieses neue Gefühl der Freiheit, diese neue Entdeckung, durchdringt dann so sehr jeden Aspekt deines Bewusstseins, jeden Winkel deines Lebens, jeden Aspekt deines mentalen, emotionalen und physischen Körpers, dass du eines Tages in der nahen Zukunft aufwachst und feststellst, dass du ein ganz neuer Mensch bist.

Und das magische Werkzeug, das dich so weit gebracht hat, ist nichts anderes als die Meditation.

Das Wunder der Meditation

So viel ich weiß, kann nur Meditation dich zu der Erkenntnis bringen, wer du wirklich bist.

Ich weiß, dass ich dorthin gelangen wollte – diese Erkenntnis erlangen wollte – mein ganzes Leben lang und ohne Zweifel bereits in vielen Leben zuvor – und dass ich unzählige Methoden ausprobiert habe, um zu erfahren, wer ich bin, aber mit keiner einzigen – außer der Meditation – hatte ich Erfolg. Sicher haben mir andere Techniken und Übungen geholfen auf meinem Weg, haben mich unterstützt, die kollektive Realität abzustreifen und mich von ihr zu befreien, aber nichts anderes hat mich tatsächlich zu dieser bahnbrechenden Erkenntnis gebracht – nichts anderes als die Meditation hat es mir möglich gemacht, die Natur des Bewusstseins, die Natur der Realität zu erfahren. Nichts anderes hat es mir ermöglicht, mich auf den Zustand des reinen Seins und des Göttlichen in mir einzustellen.

Denn das Besondere daran ist: Nur die Erfahrung zählt. Deine Erfahrung und meine Erfahrung. Bis zu dem Moment, in dem du tiefes inneres Wissen tatsächlich erlebst, ist das nämlich alles eine ziemlich verstandesorientierte Geschichte, ein Gedankenspiel, so sehr du auch daran glauben möchtest. Die Erfahrung, der wirkliche *Moment* sozusagen, dieser *Bruchteil einer Sekunde ohne irgendeine Bedeutung* macht den Unterschied für dich - transformiert dich vollkommen.

Und genau dahin kann die Meditation dich bringen, denn so war es bei mir auch.

Ja, durch die Meditation ist es mir tatsächlich möglich geworden, Raum in meinem Leben und Bewusstsein zu schaffen, damit ich mein wahres Selbst erfahren konnte. Erfahre *Bewusstsein* ... diesen glückseligen Zustand des reinen Seins und des Lichts und der Liebe in dir. Ich weiß jetzt, dass dies meine wahre Essenz ist. Denn dazu dient die

Meditation. Sie ist ein Werkzeug, um einen Raum zu schaffen, in dem du über deine Gedanken und Gefühle und den Körper hinausgehst ... und dein wahres Selbst erfährst. Dein höheres Selbst.

Aber vertrau nicht nur einfach mir oder meinen Worten. Finde es selbst heraus. Ich versuche hier nur, dich zu inspirieren, damit du dich ein paar Augenblicke in Stille hinsetzt und dir und deinem Verstand und auch deinen Gefühlen gestattest, sich zu beruhigen. Ja, sie müssen sich beruhigen und langsamer werden. Denn darin liegt die Magie, dann kann sich das Wunder in dir entfalten. Dort ist das Tor verborgen ... in diesem *Bruchteil einer Sekunde ohne irgendeinen Einfluss.*

Wie man dorthin gelangt

Was ist Meditation?

Im Grunde bedeutet Meditation, seine Aufmerksamkeit von der äußeren Welt abzuwenden und sich auf sein Inneres zu fokussieren – einfach ausgedrückt bedeutet es, damit aufzuhören, wie ein kopfloses Huhn herumzulaufen … *Nimm dir Zeit, schaff' den Raum, nach innen zu geh'n und die Gnade zu schau'n.*

Wenn man meditieren möchte, muss man sich dafür entscheiden, in seinem Leben Raum dafür zu schaffen, Ruhe und Frieden zu erfahren. Für viele Menschen ist das eine weit reichende Entscheidung und bedeutet schon für sich genommen einen größeren Durchbruch in der Art zu leben, wenn nicht gar einen Durchbruch im Bewusstsein. Wenn man sich erst einmal entschieden hat, muss man sich nur noch auf einen Stuhl setzen, der bequem ist und eine gute Stütze bietet, ein paar tiefe Atemzüge tun und zur Ruhe kommen.

Jetzt bist du bereit zu meditieren.

Es gibt viele Arten zu meditieren und die Aufmerksamkeit zu fokussieren.

Ich möchte ein paar meiner Lieblingsarten skizzieren, um dir den Anfang zu erleichtern, falls du noch nicht meditierst - oder um dir zu helfen, dein Repertoire zu erweitern, wenn du bereits mit dem Meditieren vertraut bist.

– SCHLÜSSEL ZUM ÖFFNEN DES TORES –

Vier grundlegende Meditationstechniken

Indem man über den Atem, ein Mantra, das innere Licht und die göttlichen Harmonien meditiert, kann man seinen Verstand beruhigen, sich auf das Licht und die Liebe einstimmen und den glückseligen Zustand des reinen Seins sowie die Natur der Wirklichkeit erleben.

– BITTE EINTRETEN –

Sich auf den Atem konzentrieren

Eine der besten Arten, mit dem Meditieren zu beginnen, ist es, sich einfach ruhig hinzusetzen und sich auf den Atem zu konzentrieren. Das große Hindernis zwischen dir und der Natur der Wirklichkeit ist der Verstand. Wenn du still sitzt und dich auf den Atem konzentrierst, wirst du schnell entdecken, wie mächtig der Verstand ist. Nach einem oder zwei Atemzügen fängt der Verstand schon wieder an zu arbeiten und verwickelt dich in einen faszinierenden Gedanken nach dem anderen. Bevor du es überhaupt bemerkst, bist du tief in Gedanken versunken über Tante Mathildes Geburtstagsparty, was Georg am Vormittag im Büro gesagt hat, dein Gespräch mit Harry gestern Abend, wie viel Geld du auf der Bank hast, über den Urlaub, den du planst, wen du anrufen solltest, damit die Waschmaschine repariert wird, und was du vor einer Stunde im Supermarkt vergessen hast zu kaufen, um nur ein paar Möglichkeiten zu erwähnen. Dann erinnerst du dich wieder daran, dass du eigentlich meditieren wolltest! Wenn das passiert, *richte deine Aufmerksamkeit einfach wieder auf deinen Atem!* Wenn du dich für drei oder vier Atemzüge hintereinander nur auf deinen Atem konzentrieren kannst, bevor dein Verstand wieder in eine andere Richtung losgaloppiert, sage ich *bravo!* Dann hast du den Dreh raus, wie man es macht!

An dieser Stelle musst du etwas Willenskraft und Disziplin aufbringen. Setze dich gezielt ein oder zwei Mal pro Tag 20 Minuten hin und meditiere, indem du dich auf deinen Atem konzentrierst, oder wähle einen anderen Fokus unter denen, die ich unten anspreche. Die Belohnung wird dich verblüffen.

Wenn du eine Weile dabeibleibst – wenn du täglich meditierst – wirst du feststellen, dass in deinem Bewusstsein und deinem Leben großartige und wundervolle Veränderungen vor sich gehen werden (vergleiche Seite 36ff mit der detaillierten Liste der Vorteile). Zuallererst wirst du ruhiger werden (was heutzutage und in unseren Zeiten eine Leistung ist), und du wirst ein Gefühl des tiefen Friedens erfahren. Zweitens wirst du besser schlafen, tagsüber entspannter sein, dich viel gesünder und wahrscheinlich auch so "ganz" fühlen, wie du es nie zuvor erlebt hast. Drittens wirst du anfangen, Einblicke – ein kurzes, helles Aufleuchten von Erkenntnissen – in die Natur des Bewusstseins und die Natur der absoluten Realität zu bekommen. Und schließlich wirst du anfangen zu erkennen, dass Meditation ein Werkzeug ist, das dir dabei helfen wird, deine Gefühle unter Kontrolle zu bekommen.

– BITTE EINTRETEN –

Sich auf ein Mantra konzentrieren

Du kannst die grundlegende, oben beschriebene Atemmeditation etwas verändern und in anderer Form durchführen, indem du die Übung durch ein einfaches Mantra ergänzt. Ein Mantra ist ein heiliger Ton oder ein heiliges Wort, der oder das aufgrund seiner Schwingungsqualität dazu beiträgt, einen erweiterten Bewusstseins- oder Bewusstheitszustand auszulösen. Es gibt dabei sehr viele Mantras, aus denen du eine Wahl treffen kannst.

Anfängern schlage ich die Laute MA und OM vor. Du gehst am besten wie folgt vor. Sage beim Einatmen leise den Laut MA. Wenn du ausatmest, sage leise den Laut OM. Beginne damit, diese beiden Laute beim Ein- und Ausatmen laut zu sagen. Wenn du diese Laute ein oder zwei Minuten lang laut vor dich hin gesagt hast, dann kannst du MA und OM leise vor dich hin sagen, während du ein- und ausatmest. Setze das 10 bis 15 Minuten lang fort.

Die Verwendung dieses Mantras ist eine wunderbare Art, das innere Geschwätz zu beruhigen und Frieden zu erleben.

OM ist der heilige oder Urlaut im Sanskrit und repräsentiert den Urklang, aus dem das ganze Universum entstand. Der OM-Laut kann auch für sich als machtvoller Gesang verwendet werden. Gehe folgendermaßen vor: Atme ein und singe dann beim Ausatmen langsam den Laut OM. Lass den Laut durch dich hindurch vibrieren. OM findet sich auch in vielen heiligen Mantras, wie z. B. im tibetischen Mantra: OM Mani Padme Hum.

Einige Menschen meditieren gerne über ihre eigenen speziellen Worte, d. h. Worte, die für sie eine besondere Bedeutung haben oder einen erweiterten Bewusstseinszustand in ihnen auslösen. Du kannst z. B. die Worte "tiefer Friede" ausprobieren. Sage das Wort "tiefer" beim Einatmen und das Wort "Friede" beim Ausatmen – und schau, was geschieht!

– BITTE EINTRETEN –

Den Fokus auf das innere Licht richten

Eine andere gute Art des Meditierens ist es, die Aufmerksamkeit auf das innere Licht zu richten. Vielleicht möchtest du versuchen, hin und her zu wechseln zwischen dem Fokus auf den Atem, auf das innere Licht und auf die göttlichen Harmonien, damit dein Verstand beschäftigt ist. Wenn du über das innere Licht meditierst, sollte deine Aufmerksamkeit auf die Stelle zwischen deinen Augenbrauen gerichtet sein, die man das Dritte Auge nennt. Versuche nicht, diese Stelle mit deinen physischen Augen zu fixieren, sondern richte deine innere Aufmerksamkeit auf diese Stelle.

Wenn du deine Aufmerksamkeit für ein paar Momente auf diese Stelle richten kannst, siehst du vielleicht Lichtblitze oder ein pulsierendes Licht. Das ist nichts, was du mit deinen physischen Augen sehen kannst. Du siehst dieses Licht eher durch deine innere Wahrnehmung. Vielleicht erlebst du dieses Licht auch über einen längeren Zeitraum hinweg. Wenn das geschieht, genieße es! Du fängst an, das Licht zu erfahren, das in dir ist, das deine wahre Natur ist, anders ausgedrückt, die Natur der Wirklichkeit!

Auch hier ist es wieder nötig zu üben, um das innere Licht zu erleben. Du fokussierst deine Aufmerksamkeit ein paar Momente lang und bemerkst dann, dass dein Verstand anfängt umherzuschweifen. Ich nenne den Verstand "die Quasselstrippe". Die Quasselstrippe versucht andauernd, dich in fesselnde kleine Gedankenspiele zu verwickeln, aber früher oder später wirst du entdecken, dass du weder diese Quasselstrippe noch deren Gedanken bist, ganz egal, wie faszinierend sie auch sein mögen. Und wenn du das erkennst, wenn du das wirklich verstehst, dann kannst du zu der Quasselstrippe sagen: "Tut mir leid, aber *ich bin derjenige, der hier die Wahl trifft*, und ich habe mich nicht dafür entschieden, über die Arbeit oder Besorgungen nachzudenken; also, warum verziehst du dich nicht einfach und lässt mich eine Weile in Frieden? Jetzt *richte ich gerade* meine Aufmerksamkeit auf das innere Licht." Früher oder später versteht die Quasselstrippe die Botschaft.

– BITTE EINTRETEN –

Die Aufmerksamkeit auf die göttlichen Harmonien richten

Wenn du ruhiger wirst, wirst du auch entdecken, wenn du genau hinhörst, dass in deinen Ohren ein leises Klingen zu hören ist. Anfangs ist es vielleicht schwer für dich, diesen Ton zu hören, deshalb musst du wahrscheinlich irgendwo sein, wo es ruhig ist – oder Ohrstöpsel verwenden. Aber wenn du beim Sitzen mit geschlossenen Augen deine Aufmerksamkeit darauf richtest, wirst du diesen Ton hören. Es ist ein Ton, der nicht von außen kommt. Es ist eher ein innerer Ton – ein hoher, kaum wahrnehmbarer Ton oder Klang.

Wenn du meditierst, kannst du deine Aufmerksamkeit auf diesen subtil zu vernehmenden Ton richten. Bald wirst du entdecken, dass das sehr angenehm ist. Und wenn du deine Aufmerksamkeit auf den Ton richtest, scheint er höher zu werden! Bald wirst du vielleicht entdecken, dass in deinem Kopf Symphonien gespielt werden, die nie zuvor jemand gehört hat!

Nun kennst du vier Möglichkeiten, dich zu konzentrieren: auf deinen Atem, auf ein Mantra, auf das innere Licht und auf die inneren Harmonien. Wenn du zwischen diesen Möglichkeiten wechselst, wirst du Zeiten erleben, in denen dich die Quasselstrippe in Ruhe lässt. Diese Erfahrung wird, wie ich bereits zuvor gesagt habe, dein Leben drastisch und dramatisch transformieren, jetzt und für immer.

Der Nutzen des Meditierens

Die Meditation hat mein Leben verändert.

Die Meditation verändert mein Leben ständig.

Die vier Arten der Meditation, die ich gerade beschrieben habe, sind Meditationstechniken "ohne Verstand" – so nenne ich sie. Der Zweck dieser Art von Mediation ist es, den Verstand (die innere Quasselstrippe) zur Ruhe zu bringen und über den Denkprozess hinauszugehen in den glückseligen Zustand des reinen Seins im *Hier und Jetzt*.

Wenn ich jetzt diese Techniken "ohne Verstand" benutze, erfahre ich tatsächlich Momente (manchmal kurze und manchmal etwas längere), in denen meine innere Quasselstrippe wirklich zur Ruhe kommt. Dann verändert sich der Zustand meines Verstandes voller Befriedigung von der manischen Plapperei zum Partygeplauder zum leichten Geplänkel hin zum Frieden – und gelegentlich sogar zum tiefen Frieden. Wenn das geschieht, erfahre ich Momente der tiefen Glückseligkeit und erlebe überraschende Einblicke in die Natur des Bewusstseins.

Aber die Meditation hat auch einige konkretere Nebeneffekte, die mich wirklich überrascht haben. Zuerst dachte ich, Meditation ist etwas Großartiges, denn ich fühlte mich so viel friedvoller inmitten meines hektischen Lebens. Doch ich war nicht auf das Ausmaß vorbereitet, in dem das Meditieren mein übriges Leben veränderte. Aber ich habe entdeckt, dass Meditation viel in meinem Leben verändert, sogar, wenn ich gerade nicht meditiere. Ich trage die Effekte der Meditation in mir, immer, jeden Tag, ganz gleich, was ich tue.

Ich habe auch entdeckt, dass es jetzt so viel einfacher für mich ist, Zugang zu diesem Zustand des tiefen Friedens zu finden, sogar mitten in meinen Alltagsaktivitäten. Ich glaube, das kommt daher, weil ich nun den Zustand des reinen Seins erfahren habe und weiß, wo er in meinem Bewusstsein existent ist, und dadurch, dass ich jeden Tag meditiere, wird es immer einfacher für mich, dorthin zu gehen und diesen Zustand zu erfahren.

Einige der offensichtlichsten Auswirkungen, wenn ich zwei Mal am Tag meditiere, sind meiner Erfahrung nach die folgenden:

- **Besserer Schlaf**: Ich schlafe besser und fühle mich erfrischter, wenn ich morgens aufwache.

- **Mehr Ruhe und Entspannung den ganzen Tag über**: Ich erlebe weniger Stress und fühle mich viel entspannter in Situationen, die ich normalerweise als sehr anstrengend empfinde.

- **Bessere Gesundheit**: Ich fühle mich ganz einfach allgemein wohler.

- **Glücklicher**: Aus keinem besonderen Grund fühle ich mich glücklicher als zuvor.

- **Kreativer**: Oft ist es so, dass während oder nach dem Meditieren erstaunliche neue Ideen und Einsichten sozusagen einfach aus dem Nichts auftauchen (siehe Seite 38 ff).

- **Effektiver:** Ich scheine die gleiche Menge Arbeit in weniger Zeit zu bewältigen.

- **Konzentrierter:** Ich finde es einfacher, mich auf die gerade anliegende Arbeit zu konzentrieren.

- **Sorgloser:** Obwohl ich immer und in jeder Situation das Beste tue, was ich kann, stelle ich fest, dass mir, im Vergleich zu früher, nicht mehr so viel an den Ergebnissen, an der äußeren Welt oder den Meinungen der anderen Menschen liegt.

- **Ruhiger:** Da mir die Meinung anderer nicht mehr so wichtig ist, fühle ich mich viel ruhiger, wenn ich mit anderen Menschen zusammen bin.

- **Toleranter:** Ich stelle fest, dass ich deutlich toleranter bin im Hinblick darauf, wozu sich andere Menschen entscheiden, in Bezug auf ihren Lebensstil und ihr Verhalten. Es ist mir viel klarer, dass jeder einzelne Mensch seinen oder ihren einzigartigen, vorbestimmten Weg mit den für ihn oder sie einzigartigen Herausforderungen und Lektionen geht.

- **Liebevoller:** Ich fühle mich liebevoller und mitfühlender gegenüber allen anderen, sogar gegenüber Menschen, die ich nicht besonders mag. Es ist auch viel einfacher für mich, jede Situation aus einer übergeordneten Perspektive zu sehen.

- **Mehr Spaß am und im Leben:** Das Leben macht viel mehr Spaß, wahrscheinlich, weil ich die Dinge einfach nicht mehr so ernst nehme wie früher!

– ABKÜRZUNG –

Aus dem Blau des Himmels – sozusagen aus heiterem Himmel

Schau dir mit deinem inneren Auge ein Blau an – so blau, wie das Blau des blauesten Himmels, wie die blaueste der blauen Unendlichkeiten, wie ein weites, geräumiges Blau im Raum, der sich zwischen den Räumen befindet ...

Dann lass dieses Blau sich in deinem Kopf ausbreiten ... und noch weiter ... wie der blaueste der
blauen Himmel am klarsten der blauen Tage, wenn
du ganz sicher weißt, dass du für immer sehen
kannst.

Lass dieses Blau vor deinem geistigen Auge zu
einem Ozean ohne Wellen oder dem Weltall werden,
das sich immer weiter ausdehnt, mit immer mehr
Raum zwischen den Atomen, wenn sich Blau
immer weiter ausbreitet ...

Dann halte dieses Blau einen Moment in
deinem Bewusstsein fest, wenn du das kannst,
ohne dich zu sehr anzustrengen. Halte es dort
fest, lass es dort ruhen, ohne einen einzigen
Gedanken – es gibt nur dieses Blau in deinem Bewusstsein. Lass es dort einfach in dir sein, wie ein
Vorhang von silberblauem Regen vor deinem Verstand ... ein Vorhang, eine sich entfaltende Weite
des Blaus ... ohne irgendeinen Gedanken. Lasse
das Blau einfach dort ruhen, an dem Ort, an dem
keine Gedanken sind.

Es ist vielleicht schwierig, sich das beim Lesen
vorzustellen; das ist wahrscheinlich auch der Grund,
warum du nur in einem Zustand der sehr tiefen

Meditation dorthin – zum Blau – zur Bläue des Blaus gelangen kannst ... zu diesem Zustand ohne Gedanken ... diesem gedankenlosen, glückseligen Zustand, bevor sich der Gedanke in deinem Bewusstsein manifestiert. Genau an der Verbindungsstelle des Blaus.

Und wenn du dann dort bist, beim Blau – beobachte, was geschieht.

Sei der Zeuge.

Denn du bist der Zeuge.

Dann erkennst du, wie es plötzlich passiert – während sich die Zeit verlangsamt.

Ein Gedanke steigt auf. Nicht wahr? Einfach so.

Ein Gedanke. Eine Eruption.

Aus dem Blau, aus heiterem Himmel.

Und was genau ist das? Dieser Gedanke, der auftaucht, einfach so, aus dieser Bläue, die jenseits aller Beschreibungen ist?

Nicht manifest in ihrer Art, der Ursprung aller Dinge ist sie, aus ihr bricht plötzlich ein Gedanke hervor. Die Bläue, aus der plötzlich etwas entsteht – das nicht Manifeste wird zum Manifesten.

Wenn das so ist, wer hat das getan?

Wer ist der Manifestierer des Manifesten?

Wer verwandelte das nicht Manifeste in dieses Manifeste?

Wer dachte diesen Gedanken?

Beobachte einfach.

Lass diesen Vorgang sich vor dir entfalten.

Sei der Zeuge dieses Vorgangs der Schöpfung.

Denn dies ist tatsächlich der Vorgang der Schöpfung.

Und wenn dies so ist, wenn dies der Vorgang der Schöpfung ist, wer bist dann du?

– SCHLÜSSEL ZUM ÖFFNEN DES TORES –

Meditation mit der Bitte um geistige Führung

Indem du meditierst und dich für die höheren Energien öffnest, kannst du Führung und Informationen durch dein höheres Selbst und von höheren Ebenen erhalten.

– BITTE EINTRETEN –

Deine Frage stellen

Du kannst diese Art von Meditation beginnen, indem du dich mit Licht umgibst oder indem du um den Schutz eines höheren Wesens bittest, das du liebst und respektierst, wie z. B. Christus, deinen Schutzengel, deine Führer oder jede andere hoch entwickelte Seele, mit der du dich identifizierst oder der du dich nahe fühlst.

Dann entspanne dich und atme. Konzentriere dich ein paar Augenblicke auf deinen Atem und auf das innere Licht. Stelle nun deine Frage oder skizziere die Angelegenheit, die dich quält, dem Licht. Schaue sie dir noch einmal kurz in Gedanken an, und präsentiere sie danach. Dann konzentriere dich wieder auf deinen Atem oder das innere Licht, entspanne dich und warte. Wenn du es dir gestatten kannst, friedlich zu sein und im Moment zu bleiben, wirst du wahrscheinlich eine Art innerer Führung erhalten. Du kannst z. B. ein klares Gefühl in der Angelegenheit bekommen, oder plötzlich tauchen in deinem Bewusstsein einfach ein paar Worte auf, oder ein Gedanke, der zuerst keine Verbindung mit der Angelegenheit zu haben scheint, kommt dir in den Sinn, der die Antwort oder einen Hinweis enthält oder dir eine Richtung aufzeigt. Es ist wichtig, dass du lernst, diesen Hinweisen und Ahnungen zu vertrauen.

Eine weitere Möglichkeit ist es, ein Problem oder eine Frage zu präsentieren, wenn du meditierst, kurz bevor du abends zu Bett gehst. Wenn du das tust, wirst du wahrscheinlich feststellen, dass du am Morgen mit einer klaren Antwort aufwachst.

Die Antwort ist oft der allererste Gedanke oder das allererste Gefühl, das du beim Aufwachen hast.

Wenn du diese Technik noch nie zuvor ausprobiert hast, wirst du vielleicht feststellen, dass du diesen Vorgang mehrere Male nacheinander wiederholen musst. Anders ausgedrückt, du musst vielleicht dieselbe Frage mehrere Abende hintereinander stellen, bevor du das Gefühl hast, dass du eine klare Führung erfährst. Es kann auch sein, dass du sofort eine klare Führung erhältst, aber noch nicht gelernt hast, deinem eigenen inneren Wissen zu vertrauen. Sei also geduldig, und übe weiter! Die Belohnung, die du erhältst, wenn du deine Fragen während der Meditation stellst, ist außergewöhnlich. Du wirst neue Wege finden, Probleme zu lösen, und Situationen anders wahrnehmen. All das wäre wahrscheinlich nicht möglich gewesen, wenn du nur deinen analytischen Verstand eingesetzt hättest.

– BITTE EINTRETEN –

Die Meister anrufen

Eine weitere Lieblingsmeditationstechnik von mir ist es, ein hoch entwickeltes Wesen oder einen Meister anzurufen und um Führung oder Informationen zu bitten. Diese Art von Meditation kann sehr inspirierend sein. Vielleicht musst du sie ein paar Mal ausprobieren, bevor du damit klarkommst, aber sie ist wirklich nicht schwierig anzuwenden. Es dies alles eine Frage des Vertrauens, das du ohnehin entwickeln solltest.

Wieder beginnst du die Meditation damit, dich mit Licht zu umgeben. Dann wählst du ein hoch entwickeltes Wesen, das du tief bewunderst und mit dem du dich verbunden fühlst, wie z. B. Jesus Christus, Buddha, Sri Ravi Shankar, den Dalai Lama oder irgendeinen anderen Lehrer oder eine andere hoch entwickelte Seele - ganz wie du möchtest. Entspanne dich jetzt, und konzentriere dich auf deinen Atem. Wenn du dich innerlich still und ruhig fühlst, richte deine Aufmerksamkeit auf das Wesen, mit dem du in Kontakt treten möchtest.

Denke über einige der Merkmale dieses Wesens nach, oder stelle es dir bildlich vor, zum Beispiel seine oder ihre große Weisheit und liebevolle Präsenz und so weiter. Ein besonderes Gefühl wird in dir entstehen, wenn du dich mit der Energie dieses besonderen Wesens verbindest. Wenn du dann eine spezielle Frage hast, kannst du sie stellen. Oder du kannst dich einfach nur für die Energie dieses Wesens öffnen und zulassen, dass er oder sie dir Liebe, Führung und Inspiration zukommen lässt.

Du wirst erstaunt und begeistert sein über die Einsichten und Informationen, die du erhältst. Wenn du gelernt hast, wie man diese Brücke baut, wirst du vielleicht feststellen, dass du in der Lage bist, die Führung und Energie der höheren Wesen oder höheren Regionen regelmäßig zu channeln. Es ist fast so, als ob du hier auf der Erde zur Schule gehst, nur sind deine göttlichen Lehrer jetzt unsichtbar!

– ABKÜRZUNG –

Dein höheres Selbst

Die Meditation erlaubt dir zu erfahren, dass du tatsächlich viel mehr als dein physischer Körper bist. In Momenten der Vertiefung erkennst du, dass dein wahres Selbst, dein höheres Selbst - wer du wirklich bist - viel mehr ist als dein physischer, emotionaler oder mentaler Körper. Dein höheres Selbst, deine mächtige ICH BIN-Präsenz, ist jenseits all dieser Dinge. Regelmäßiges Meditieren hilft dir dabei, die Verbindung mit deinem höheren Selbst zu verstärken und die Erfahrung deiner eigenen Göttlichkeit in dein Alltagsleben einzubinden.

– SCHLÜSSEL ZUM ÖFFNEN DES TORES –

Lichtmeditation

Wenn du meditierst und dich sowie deine Chakren für das Licht öffnest, kannst du Licht kanalisieren und es hier auf dem Planeten Erde verankern.

– BITTE EINTRETEN –

Das Licht channeln und verankern

Diese Art von Meditation ist ein großer Segen und ein Dienst - den du dir selbst, deinen Mitmenschen und dem Planeten Erde erweist. Gehe folgendermaßen vor: Setze dich bequem hin, und entspanne dich. Dann atme tief ein und aus, und wenn du das Gefühl hast, entspannt zu sein, beginne mit der Visualisierung. Fühle, wie ein wundervoller, liebevoller Lichtstrahl aus dem Himmel zu dir herunterkommt, oben am Kronenchakra in deinen Kopf eintritt und bis zu deinem Stirnchakra (Drittes Auge) hinuntergeht, durch das Halschakra, Herzchakra, Nabelchakra (Solarplexus), Sakralchakra und Wurzelchakra – und bis hinunter in die Erde. Entspanne dich einfach, und gib dich dem Licht hin. Lass es durch dich hindurchfließen bis in die Erde. Es beruhigt und heilt dich – und gleichzeitig beruhigt und heilt es den Planeten Erde.

Dann leite dieses wundervolle, heilende Licht nach ein paar Minuten aus deinem Körper, und schicke es in deine Umgebung. Schau dir an, wie das Licht die Menschen um dich herum berührt und heilt. Sieh und fühle, wie es sich, von deinem Körper ausgehend, ausbreitet und nach außen und rund um den Planeten geht – ein weites, liebevolles Netz aus Licht, das den Planeten Erde umkreist und heilt. Gib dich einfach dem Licht hin, das durch dich hindurchfließt und das von dir in alle Richtungen ausgeht. Diese wundervolle Meditation hilft dir, dein eigenes Leben, deine Beziehungen, die Gesellschaft, dein Land und den Planeten zu heilen.

Es ist wichtig, diese Meditation durchzuführen, ganz gleich, ob sich deine äußeren Umstände oder die äußere Welt verändern. Ganz gleich, ob sich dein physischer, mentaler oder emotionaler Körper verändert, ganz gleich, ob es Veränderungen in deinem Leben, in der politischen Situation, beim Wetter, in deiner finanziellen Situation oder in deinen Beziehungen gibt. Ganz unabhängig davon ...

Anders ausgedrückt, diese Art von Meditation bedeutet, deine Aufmerksamkeit von allen äußeren Bedingungen und Umständen abzuziehen und sie auf das Licht zu fokussieren – ganz gleich, was geschieht.

Wenn du das Gefühl hast, dass deine Gedanken herumwandern, oder wenn du den Fokus nicht mehr halten kannst, kannst du die folgenden Affirmationen still in Gedanken äußern oder laut aussprechen: *ICH BIN der Kanal des Lichtes. ICH BIN der Kanal des Lichtes. ICH BIN eins mit dem Licht. ICH BIN eins mit dem Licht. ICH BIN Licht. ICH BIN Licht. ICH BIN das Licht.*

Diese intensive Konzentration auf das Verankern des Lichtes ist eines der wichtigsten Dinge, die man tun kann, um dazu beizutragen, das eigene Leben sowie die eigenen Beziehungen zu heilen und zu verändern – und um Frieden und Harmonie auf dem Planeten Erde zu schaffen. Es ist ein großer Dienst, diese Meditation regelmäßig durchzuführen.

– BITTE EINTRETEN –

Das Licht mit einer Gruppe verankern

Es ist sogar noch mächtiger, das Licht mit einer Gruppe von Menschen zu kanalisieren und zu verankern. Wenn sich Menschen zusammenfinden und jeder Einzelne seine Aufmerksamkeit auf das Kanalisieren des Lichtes richtet, das sich um den Planeten Erde legt, und darauf, diese Liebe und dieses Licht in die spirituellen Gemeinschaften und den Rest der Welt zu schicken, dann verstärkt das die Macht des Lichtes in hohem Maße. Diese Art von Gruppenmeditation ist eine mächtige Heilung für den Planeten Erde und für jeden Einzelnen, der an dieser Meditation teilnimmt.

Gehe folgendermaßen vor: Alle sollten bequem sitzen, ihre Augen schließen und tief ein- und ausatmen. Wenn alle entspannt sind, sollte eine Person als Gruppenleiter auftreten und *die Worte* für die gesamte Gruppe *sprechen*. Der Leiter sollte zum Beispiel laut sagen: "ICH BIN Licht. WIR sind Licht. ICH BIN ein offener Kanal. Wir sind offene Kanäle. ICH BIN ein Kanal des Lichtes. WIR sind

Kanäle des Lichtes." Die anderen Mitglieder der Gruppe sollten diese Affirmationen des Leiters wiederholen.

Wenn der Leiter das Gefühl hat, dass alle den Fokus halten, kann er oder sie sagen: *"Wir schicken jetzt dem Planeten Erde Licht und Liebe und Heilenergie."* Alle wiederholen diese Worte des Leiters und konzentrieren sich dann darauf, sich für das Licht zu öffnen und diesem Licht, der Liebe und der Heilenergie zu gestatten, durch ihre Körper hindurchzufließen – vom Kopf bis hinunter in die Füße und in den Planeten Erde. Nach einigen Minuten kann der Leiter sagen: *"Wir schicken jetzt Licht und Liebe und Heilenergie zu den Menschen von ...* (Nenne einen speziellen Ort oder eine Gruppe von Menschen, die Licht und Liebe und Heilung benötigen)." Dann sollten sich alle darauf konzentrieren. Der Leiter kann das Licht auch zur Heilung von bestimmten Menschen leiten oder in spezielle Situationen lenken; was immer mit dem Einverständnis der Gruppe geschieht, ist in Ordnung.

Diese Art von Gruppenmeditation, durch die Licht kanalisiert wird, ist eine wichtige Art und Weise, um dazu beizutragen, das Leben von uns

Menschen und das Leben auf dem Planeten Erde zu heilen und zu transformieren.

TOR 2:

DAS ÖFFNEN DES HERZENS

Erst wenn wir unsere Herzen öffnen,
können wir uns und den Planeten heilen.

Ohne Liebe, ohne ein offenes Herz, ohne Mitgefühl verliert das Leben alle Bedeutung, es wird öde und freudlos ... eine Wüste ... unmöglich, an so etwas zu denken.

Daher suche nur Liebe, mein Freund.

Ja, suche nur das.

Suche sie ohne Unterlass.

Jetzt und für immer.

Und ja. Mache es zum Wichtigsten in deinem Denken. Bis der Gedanke dich verzehrt und du dich ihm leidenschaftlich hingibst. Bis du in den Tiefen deines Herzens weißt, dass es keinen anderen Weg für dich gibt ... Bis du es ohne den geringsten Zweifel sicher weißt.

Bis dieser wundervolle Tag anbricht, an dem dein Herz sich langsam öffnet und du die Brise der Freundlichkeit, des Mitgefühls fühlst ... diese sanfteste aller Brisen ... die plötzlich von weit weg herangeweht kommt, wie aus einem entfernten sternenklaren Reich, einem weit entfernten Himmel, den du bereits kennst und als Zuhause erkennst ... um dich zu verändern ... vollkommen und vollständig ... jetzt und für immer.

Deshalb suche nur das, mein Freund.

Ja. Suche nur das.

Suche das Unmögliche, mein Freund, und lass es wirklich werden.

Suche das Unwahrscheinliche, mein Freund, und lass es wirklich werden.

Ja, suche nur das. Suche Liebe, wo keine Liebe ist. Suche Liebe im Niedrigsten und im Höchsten. Suche Liebe im Bescheidensten und im Heiligsten. Suche Liebe, wo keine Liebe ist. Ja, mein Freund, suche Liebe, ganz gleich wo. Ganz gleich was. Ganz gleich wann. Und dann, ja, suche sie wieder. Und suche weiter nach ihr.

Denn früher oder später, ja, früher oder später, wird sich das Geheimnis entfalten und dich in seine sanften Arme nehmen, in jene sanften *immerwährenden Arme,* und du wirst dich wie eine Braut in ihrer Hochzeitsnacht, die beinahe ohnmächtig wird, fragen: Warum wusste ich das nicht schon, worauf habe ich gewartet, warum habe ich mich nicht von Anfang an hingegeben, warum habe ich nicht aufgegeben, warum hielt ich mich zurück, wie konnte ich so blind sein, warum habe ich das nicht gesehen, warum war ich es nicht ... oder falls ich es war, wie konnte ich es nicht erkennen, fühlen, wissen, verstehen? Und ja, mein Freund, ja ... dann wird die Öffnung auftauchen, die Spalte, diese heiligste aller Bruchstellen, diese gesegnete Spalte in der Härte, in der Rüstung um dein Herz herum – wie schmal sie auch immer sein mag. Und dann höre es, ja, das darfst du, höre dieses Seufzen, fast hörbar in seiner Lieblichkeit, wie das Seufzen der beinahe in Ohnmacht fallenden Braut, die du in Wahrheit bist, wenn du ganz sanft, schon überwältigt vom Verlangen, mit Ekstase, die jetzt alles verzehrt, sanft, schnell in die Arme deines Liebhabers taumelst ... ja, ja, oh ja, und schließlich ja, nimm mich, nimm mich.

Jetzt wird das Flüstern zu einer violetten Flamme, die dich umarmt und verzehrt, die deine Seele einhüllt, sanfter als der sanfteste Liebhaber, mit-fühlender als das Mitgefühl selbst, denn es gibt keine Worte, um dieses Gefühl zu beschreiben, das zarte Gefühl des Herzens, wenn es sich öffnet. Dieses Gefühl, dieses sich Öffnen, nach dem wir uns alle so sehr sehnen und von dem wir im Grunde unseres Herzens wissen, dass es tatsächlich das ist, warum wir hierher gekommen sind, ist unser Geburtsrecht. Darum wurden wir geboren, um dies zu lernen und daran Anteil zu haben. Es gibt nichts anderes, nichts anderes, wofür es sich lohnt zu leben, nichts anderes, wofür es sich lohnt zu warten, nichts anderes, was einen Versuch wert wäre oder wofür es sich zu sterben lohnt, nichts anderes, ganz gleich was. Das ist das Herz der Herzen. Das ist der zugrundeliegende Grund aller Gründe.

Daher, mein Freund, suche nur das.

Ja, mein Freund, suche nur das.

Sieh es als das Wichtigste an. Tag und Nacht.

Verfolge es von ganzem Herzen, mit deiner Seele, mit allen Kräften. Lass diese leidenschaftliche Hingabe deine Losung sein. Denn das Tor liegt direkt vor dir. Das *Tor zur Gnade.* Ja, mein Freund, jetzt und für immer. Deshalb eile vorwärts und weiter, behalte das Tor immer im Auge. Denn nur das wird dir Freude bringen, nur das wird dir Glückseligkeit bringen, nur das wird dir Zufriedenheit bringen. Nur das wird dir das bringen, wonach du suchst ... die Heilung, die Transformation des Planeten, das neue Paradies auf Erden.

Nur das, in wie vielen Sprachen auch immer, auf wie vielen Wegen auch immer, durch wie viele Leben hindurch auch immer. Nur das, mein Freund, nur das.

Deshalb, mein Freund, suche nur danach.

– SCHLÜSSEL ZUM ÖFFNEN DES TORES –

Herzmeditation

Wenn du dich mit deinem Herzen verbindest, kannst du die Liebe erfahren, die der Kern jedes Wesens ist – und dich, deine Beziehungen, die Gemeinschaft, in der du lebst, sowie den Planeten heilen. Das Öffnen des Herzens ist die eine völlig verändernde Erfahrung, nach der alle Wesen suchen, ob sie es wissen oder nicht.

– BITTE EINTRETEN –

Verbinde dich mit deinem Herzen

Viele Menschen sind nicht mit ihrem Herzen verbunden, deshalb ist es ein guter Anfang, sich darin zu üben.

Um dein Herz zu finden und dich mit ihm anzufreunden, setze dich zuerst bequem auf einen schönen, komfortablen Stuhl. Dann schließe deine Augen, und atme tief ein und aus. Wenn du dich behaglich und entspannt fühlst, beginne damit, deine Aufmerksamkeit auf den Brustbereich zu richten – auf den Bereich um dein Herz herum. Atme weiter tief ein und aus, und lasse deine Aufmerksamkeit zum Mittelpunkt deiner Brust wandern und in dem Bereich bleiben, in dem dein Herz ist. Dann entspanne den Bereich um dein Herz herum. Atme tief und fühle, wie die Brustmuskeln alle Spannung loslassen und sich lockern – fühle einfach, wie sich deine Brust zu öffnen scheint. Wenn du das tust, wirst du feststellen, dass dein Atem tiefer, voller und entspannter wird.

Wenn du im Brustbereich ein tiefes Gefühl der Entspannung wahrnimmst, beginne, die Eigenschaften deines Herzen wahrzunehmen ... wie glücklich dein Herz ist, wie freundlich, wie liebevoll. Wahrscheinlich wird eine große Welle der Zärtlichkeit durch dich hindurchziehen, denn dein Herz ist der Kern deines Wesens, *dein* wirkliches Herz. Deshalb genieße es – und lasse zu, dass dieses Gefühl der Liebe und Zärtlichkeit in dir, in deinem eigenen Herzen, aufsteigt wie ein glühender Ball aus Licht. Wenn du dein Herz fühlst, kannst du es dir als einen strahlenden, golden glühenden Ball aus Licht und Liebe vorstellen.

Nimm dir jetzt unbedingt Zeit, um zu entspannen und zu genießen, wie gut sich das anfühlt. Genieße das Mitgefühl, wenn es aus dem innersten Kern deines Wesens herausfließt. Lass dieses Licht und diese Liebe sich sanft ausbreiten – von deinem Herzen ausgehend in deinen übrigen Körper, spüre wie Licht und Liebe dich mit ihrer wunderbaren Wärme und Freundlichkeit besänftigen, heilen und trösten. Dann entspanne dich, und lasse zu, dass all die Liebe in deinem Herzen einfach durch deinen Körper kreist, dich tröstet und alle deine Sorgen auflöst und allen Kummer wie ein besänftigendes, heilendes Lebenselixier heilt.

Ich schlage vor, dass du diese Übung 5 bis 10 Minuten pro Tag ausführst, bis du anfängst, die mächtige Kraft deines eigenen Herzens zu fühlen und zu erkennen – bis du dich mit der Liebe verbunden fühlst, die in dir wohnt. Wenn du dich verbunden fühlst mit dieser inneren Liebe, die dein wirkliches Wesen ist, kannst du die Übung ein paar Minuten verlängern und all die Liebe in deinem

Herzen aus dir heraus zu deiner Familie und deinen Freunden fließen lassen.

Wenn du beginnst, die heilende Kraft der Liebe zu erfahren, wie sie wundervoll in dir und deinen Beziehungen arbeitet, kannst du die Liebe aus deinem Herzen zu den dich umgebenden Menschen, in dein Land und zum Rest der Welt senden – und feststellen, wie die Liebe aus deinem Herzen alle, die sie berührt, heilt, besänftigt und tröstet. Das ist eine wundervolle und heilende Übung für dich, deine Freunde und deine Familie und für den Planeten Erde.

Das Geheimnis in unseren Herzen

Ob du es weißt oder nicht, dieses mystische, magische Geheimnis, das wir Liebe nennen, hat immer geduldig gewartet, genau dort in unserem Herz der Herzen ... Aber der Trick ist natürlich, zu wissen, wie man diese Liebe in sich findet – wie man sie findet und Zugang zu ihr bekommt, damit sie eine wirkliche Kraft (und nicht eine Fantasie) in unserem Leben wird, mit der wir uns jederzeit, wenn wir es wollen, verbinden können. Dann müssen wir uns nicht mehr aufmachen und nach jemand anderem oder etwas anderem außerhalb von uns suchen, damit er oder es uns das gibt, wonach wir uns sehnen. Denn diese Kraft, diese Macht, diese Liebe ist nicht dort draußen, nicht außerhalb von uns, auch wenn viele (die meisten) von uns viele Leben damit verbracht haben, auf der irdischen Ebene zu lernen, indem wir Sackgassen rauf- und runtergejagt sind und über edle und tragische Liebesromanzen geweint haben, während wir ferngesehen, Popkorn gegessen und uns nach jener perfekten Beziehung gesehnt haben, nach dieser perfekten Romanze, die niemals kommt.

Besser ist es, den direkten Weg zu nehmen und sich nach innen zu wenden ... durch *das Tor zur Gnade* zu gehen... geradewegs zur *Quelle* ... und sich direkt an die Hauptader anzuschließen.

– SCHLÜSSEL ZUM ÖFFNEN DES TORES –

Das Öffnen der Chakren

Die Chakren sind mächtige Energie-wirbel in unserem Körper, und das Öffnen der Chakren ist eine mächtige Meditationstechnik, die Gesundheit und Harmonie fördert.

– ABKÜRZUNG –

Die Chakren

In vielen esoterischen Lehren wird die alte Lehre von den Chakren weitergegeben. Wenn ein oder mehrere Chakren blockiert sind, wenn die Energie nicht frei fließt, fühlen wir uns physisch unbehaglich, haben Schmerzen oder fühlen uns krank, erleben emotionale Qualen und ein gestörtes mentales Gleichgewicht oder sind verzweifelt.

Das Kronenchakra: unsere Verbindung mit dem höheren Selbst, der göttlichen Intelligenz und den höheren Dimensionen.

Das Stirnchakra (Drittes Auge): Der Wirbel, in dem die außersinnliche Wahrnehmung, die innere Vision stattfindet, mit der man "sehen" kann, jedoch nicht mit den physischen Augen. Hellsichtige haben gelernt, dieses Sehen zu nutzen, aber jeder hat diese Fähigkeit, sogar wenn sie nicht entwickelt ist.

Halschakra: Das Kommunikationszentrum in deinem physischen Körper, durch das du mit der Welt sprichst – und dich zeigst. Sind die göttliche Intelligenz (Kronenchakra) und die Liebe (Herzchakra) im Gleichgewicht, entsteht Weisheit, und deine Worte werden dann immer die richtigen zum richtigen Zeitpunkt sein.

Herzchakra: das Liebeszentrum in deinem physischen Körper und die Brücke zwischen den drei oberen und den drei unteren Chakren. Liebe ist in jeder Situation und in jeder Dimension der harmonisierende Faktor.

Solarplexuschakra (5 bis 7 Zentimeter über dem Nabel): dort, wo sich das Zwerchfell befindet. Das Kraftzentrum in deinem physischen Körper, dein hat hier seinen Ursprung.

Sakralchakra (Hara-Zentrum – 5 Zentimeter unter dem Nabel): der Körperschwerpunkt. Wenn du dort fest verankert bist, fühlst du dich stabil, während du in dieser Welt handelst.

Wurzelchakra: deine Verbindung mit dem Physischen.

– BITTE EINTRETEN –

Das Öffnen der Chakren

Wenn du meditierst, kannst du daran arbeiten, deine Chakren zu öffnen und auszubalancieren – genauso kannst du in der Meditation lernen, die Energie aus deinem höheren Selbst zu erden. Setze dich bequem in einen geeigneten Stuhl, der dich genügend stützt, damit dein Rücken gerade ist. Atme tief ein und aus – und entspanne dich. Wenn du zur Ruhe gekommen bist, kannst du damit beginnen, Energie oder Licht zu visualisieren, die oder das vom Himmel oder von deinem höheren Selbst herabfließt und am Kronenchakra in deinen Körper eintritt. Fühle, wie sich dein Kronenchakra sanft öffnet und das Licht in dich hineinströmt. Wahrscheinlich spürst du dabei oben an deinem Kopf so etwas wie ein Kribbeln. Dann fühle, wie das Licht zu deinem Stirnchakra (zwischen deinen Augenbrauen) hinunterströmt und spüre, wie sich dein Drittes Auge öffnet. Vielleicht "siehst" du dabei (nicht mit deinen physischen Augen) ein pulsierendes Licht. Dann fühle, wie sich das Licht hinunter zu deinem Halschakra bewegt, und fühle, wie sich dein Halschakra entspannt und öffnet. Lass alle Spannung in diesem Bereich los. Dann lenke das Licht zum Herzchakra hinunter. Fühle, wie sich dein Herz öffnet. Fühle, wie sich dein gesamter Brustbereich zu entspannen scheint und wie dein Atem tiefer und entspannter wird. Atme tief ein und aus – und entspanne dich. Lass alle Spannung in diesem Bereich los. Dann lenke das

Licht hinunter zum Solarplexuschakra. Fühle auch hier, wie sich dein Körper öffnet und entspannt. Wenn du noch irgendeinen Rest von Anspannung in diesem Bereich fühlst, entspanne dich einfach – und lass die Spannung los. Lass den Atem hinunter in diesen Bereich fließen. Dann lenke das Licht hinunter zum Sakralchakra oder Hara-Chakra, und fühle, wie es sich öffnet und entspannt. Atme tief bis in den Bereich unterhalb deines Nabels. Du fühlst, wie du schwerer und geerdeter wirst. Dann lenke das Licht hinunter in dein Wurzelchakra. Fühle, wie sich dein Wurzelchakra öffnet, und fühle, wie gut geerdet du bist, während du das Licht in die Erde hinunterfließen lässt und dabei dich selbst und das Licht in der Erde verankerst.

Fühle jetzt, wie du die Energie "geerdet" hast. Fühle, wie die Energie durch dich und alle Chakren hindurchfließt, die jetzt offen und entspannt sind. Wenn du noch in irgendeinem der Chakren Undurchlässigkeit und Anspannung fühlst, hilft es, einige Minuten die Silbe "OM" zu tönen, um die Spannung loszulassen, den "Kanal" zu öffnen und die Energie freizusetzen. Du solltest dich jetzt sehr geerdet und ganz fühlen, fast so, als ob du auf deiner Energie sitzt oder als ob du jetzt dein höheres Selbst vollständig geerdet und in deinen physischen Körper integriert hast.

Diese Chakra-Übung ist sehr gut, um deine Meditationssitzungen zu beginnen. Die Ergebnisse werden dich überraschen: eine stabilere Gesundheit und mehr Vitalität, ein verstärktes Gefühl des physischen und emotionalen Gleichgewichts und der Harmonie, eine stärke Verbindung mit deinem höheren Selbst und mehr Liebe und Licht in deinem Leben.

– SCHLÜSSEL ZUM ÖFFNEN DES TORES –

Das Göttliche in anderen und in dir selbst sehen

Wenn du das Göttliche in anderen siehst, kannst du erleben, wie sich dein Herz öffnet – und du kannst dich und deine Beziehungen heilen.

– BITTE EINTRETEN –

Richte deine Aufmerksamkeit auf das Göttliche in anderen

Diese Übung, die das Herz öffnet, kann als kurze mentale Übung durchgeführt werden, wenn du draußen in der Welt bist und deinen Alltagsaktivitäten nachgehst – oder wenn du alleine bist, irgendwo ganz still für dich sitzt oder wenn du meditierst. Wie und wann auch immer du diese Übung ausführst, das Grundprinzip bleibt gleich.

Konzentriere deine Aufmerksamkeit auf jemanden, den du kennst. Es könnte jemand sein, den du nicht besonders magst, oder jemand, mit dem du Schwierigkeiten hast. Es kann auch jemand sein, dem du dich sehr nahe fühlst – oder sogar jemand, den du nicht persönlich kennst.

Wenn du draußen in der Welt bist, zum Beispiel bei der Arbeit oder bei einem geschäftlichen Meeting, kannst du dich einen Augenblick lang folgendermaßen auf eine andere Person konzentrieren: Stelle dir innerlich vor, dass hinter der Maske, hinter dem Äußeren des Mannes oder der Frau, eine göttliche Seele steht, die auf den Planeten Erde gekommen ist, um zu wachsen und sich, wie du, weiterzuentwickeln. Wenn man sich auf diesen Gedanken konzentriert, wenn auch nur ganz kurz, hat man die Macht, jede Situation und Interaktion zu transformieren; dadurch wird die Situation oder Interaktion viel positiver und liebevoller als vorher, bevor du dich auf das Göttliche konzentriert hast. Aber glaube mir nicht nur – versuche es einfach selbst!

Visualisiere und fühle

Es wird einfacher, deine Aufmerksamkeit so zu lenken, wenn du übst, dich auf das Göttliche zu fokussieren, während du alleine bist oder während deiner Mediationssitzungen.

Gehe so vor: Beginne damit, dir die Person so klar wie möglich vor deinem geistigen Auge vorzustellen. Sieh zum Beispiel deine Kollegin im Büro vor dir. Beginne damit, dir vorzustellen, dass du sie bist. Anders ausgedrückt, versuche, ihr Leben nicht von deinem Standpunkt aus, sondern von ihrem zu sehen. Versuche, ihr Leben so zu sehen, als ob du ihre Herkunft gehabt hättest. Wenn du dir vorstellen kannst, was sie erlebt hat, gelingt es dir vielleicht auch, eine Idee davon zu bekommen, welchen Herausforderungen sie gerade gegenübersteht.

Dann versuche, deine Kollegin zu sehen, wie sie ihren Alltag bewältigt. Sieh, wie sie zur Arbeit geht, ihrem Beruf nachgeht, mit ihren Kindern spricht, mit ihrem Partner umgeht. Versuche zu fühlen, wie sich das Leben für sie anfühlen muss. Versuche zu sehen, womit sie umgehen und leben muss, in anderen Worten, versuche, dich einen Augenblick lang in ihren Kopf zu versetzen und zu sehen, wie das Leben für sie aussehen und wie es sich für sie anfühlen muss. Wenn du das nur einen Augenblick lang tun kannst, bist du auf dem richtigen Weg.

Dann denke einen Augenblick daran, dass auch sie eine göttliche Seele ist, dass auch sie ein höheres Selbst hat, das sich danach sehnt, mehr Liebe, mehr Leben zu erfahren und gesünder zu sein – genau die gleichen Dinge, nach denen sich deine Seele sehnt. In diesem Moment der Erkenntnis wirst du wahrscheinlich entdecken, dass aller Widerstand oder alle Abneigung, den oder die du gegenüber deiner Kollegin empfunden hast, sich jetzt aufgelöst hat.

– BITTE EINTRETEN –

Fokussiere dich auf das Göttliche in dir selbst

Diese Herzensübung kann als kurze mentale Übung ausgeführt werden, wenn du draußen in

der Welt bist, deinen Alltagsaktivitäten nachgehst
– oder wenn du irgendwo allein ruhig sitzt oder
wenn du meditierst. Der einzige Unterschied ist,
dass du dieses Mal deine Aufmerksamkeit auf das
Göttliche in dir lenkst statt auf das Göttliche in
anderen.

Für viele Menschen ist es noch schwieriger, sich
auf die eigene Göttlichkeit als auf die in anderen
zu konzentrieren. Einige haben vielleicht das
Gefühl, dass es arrogant und egoistisch ist, das
Göttliche in sich selbst zu sehen, doch nichts
könnte weiter entfernt sein von der Wahrheit. Nur
indem wir unsere eigene Göttlichkeit erkennen und
verstehen, dass wir alle göttliche Erscheinungsformen
des Einen und derselben Gottesmacht sind, können
wir wirkliches Mitgefühl für andere erleben und
den Planeten heilen.

Deshalb ist diese Übung dafür bestimmt, dich
dabei zu unterstützen, Mitgefühl mit dir selbst zu
empfinden und die tiefere Bedeutung und das
enorme Ausmaß der heroischen Reise zu sehen, auf
der du dich befindest. Ich weise darauf hin, weil
du vielleicht einer dieser ernsten und ehrlichen Menschen bist, die ihr Leben noch nie als eine heroische

Reise von enormem Ausmaß gesehen haben. Wenn das auf dich zutrifft, möchte ich dir vorschlagen, dass du noch einmal einen Augenblick lang darüber nachdenkst – und versuchst, dein Leben als die mutige Suche zu sehen, die sie wirklich ist. Denn, wenn du einmal darüber nachdenkst, erkennst du, dass wir wirklich in der erstaunlichsten aller Zeiten, der herausforderndsten aller Zeiten leben, nicht wahr? In der Tat ist es ganz großartig, sich auf dem Planeten Erde zu dieser Zeit, kurz vor dem Beginn des neuen Jahrtausends, zu inkarnieren, besonders wenn man sich die unendlichen und weit reichenden Konsequenzen unserer Entscheidungen und Handlungen vor Augen hält.

Darum schlage ich vor, dass du deine eigenen Herausforderungen mit etwas mehr Mitgefühl betrachtest – beherzt, wie du bist, wie es jeder von uns ist, der zu dieser Zeit auf dieser Erde unterwegs ist. Hineingeworfen in dieses unglaubliche Drama hier, zerrissen zwischen der entsetzlichen Langeweile des so genannten "gewöhnlichen Lebens" einerseits – und den unglaublichen Möglichkeiten zu spirituellem Wachstum und planetarischen Transformationen andererseits. In diesen Hexenkessel der

Veränderungen und magischen Möglichkeiten musst du dich jeden Tag hineinbegeben – und auf jedem Schritt auf diesem Weg immer wieder neu deine Wahl treffen. Und dann musst du dein Karma ernten und mit den Früchten deiner Entscheidungen leben. Kannst du nicht sehen, was für ein feuriger Geist du sein musst, dass du den Mut hattest, überhaupt hierherzukommen – um dann jeden Morgen aufzustehen, dich bereit zu machen und in diese Welt hinauszugehen?

Also, warum solltest du dich nicht ein bisschen mehr lieben, mein Freund, warum nicht deine Stärke und deinen Mut nur ein bisschen mehr schätzen? Warum nimmst du dir nicht hin und wieder etwas Zeit, um deine Seele zu nähren?

Verweile nur ein paar Augenblicke bei deiner einzigartigen Schönheit und Größe – lobe dich und überschütte dich mit Liebe. Eine gute Zeit dafür ist in der Meditation, wenn du ganz entspannt bist. Dann kannst du dich vor deinem geistigen Auge sehen – umgeben von Licht und Liebe. Sieh dich als das mutige, strahlende Wesen, als die göttliche Seele, die du wirklich bist. Und sieh dein Leben als die heroische Reise, die sie tatsächlich ist. Wenn du das tust, wirst du feststellen, dass sich dein Herz öffnet. Dann kannst du dich selbst sanft in dein eigenes Herz schließen und dich mit Liebe und Licht überschütten.

– SCHLÜSSEL ZUM ÖFFNEN DES TORES –

Visualisierungsübungen
(Eine neue Art des Urlaubs!)

Wenn wir zwischen den Dimensionen hin und her reisen und ätherische Ausflüge unternehmen, können wir unseren emotionalen Körper heilen und unser Herz öffnen. Umgib dich immer mit Licht, und bitte um den Schutz der Meister, bevor du aufbrichst.

– BITTE EINTRETEN –

Eine heilende Reise nach Shambala

Eine andere Art, an der Öffnung des Herzens zu arbeiten, ist es, die Macht der Visualisierung einzusetzen.

Um dir zu helfen, dein geöffnetes Herz zu erleben, lassen wir uns auf ein Abenteuer ein. Lass' uns auf eine heilende Reise nach Shambala, der wunderschönen ätherischen Stadt des Lichtes, gehen.

Wo ist Shambala? Manche sagen, dass Shambala heute in der ätherischen Ebene über der Wüste Gobi liegt. Sie sagen auch – und das sind diejenigen mit der Gabe des Sehens –, dass einmal, vor vielen, vielen Tausend Jahren, Shambala eine wirkliche, materielle Stadt war, die auf der Ebene der Erde in der Wüste Gobi angesiedelt war. Damals war die Wüste Gobi auch noch keine Wüste, sondern ein leuchtend blaues Gewässer, das "das Meer Gobi" hieß. Es gibt viele faszinierende Geschichten und Legenden über Shambala, die Stadt des Lichtes ...

Um eine ätherische Reise nach Shambala zu unternehmen, musst du in deinem Lichtkörper reisen. Beginne, indem du dich bequem hinsetzt oder hinlegst. Atme tief ein und aus, und entspanne dich. Du kannst ein paar Minuten über deinen Atem, das innere Licht oder die göttlichen Harmonien meditieren, bis du das Gefühl hast, zur Ruhe gekommen zu sein. Wenn du dich ruhig, entspannt und friedlich fühlst, dann visualisiere deinen Lichtkörper oder eine Lichtpyramide über deinem Kopf. Diese Pyramide sollte groß genug sein, damit du darin sitzen kannst, also stelle sie dir ziemlich groß vor.

– ABKÜRZUNG –

Dein Lichtkörper

Dein Lichtkörper ist das perfekte Gefährt für die Reise zwischen den Dimensionen. Visualisiere deinen Lichtkörper als eine goldene Lichtpyramide, die einige Meter über deinem Kopf schwebt - die sozusagen dort einfach geparkt ist und darauf wartet, herabgerufen zu werden, wenn du ein wenig zwischen den Dimensionen reisen möchtest.

Dein Lichtkörper passt dir perfekt. Wenn du deinen Lichtkörper bittest herunterzukommen, lässt er sich um dich herum nieder und umhüllt deinen Körper - ganz bequem. Wenn du in deinem Lichtkörper oder deiner goldenen Lichtpyramide sitzt, fühlst du dich immer völlig sicher und geborgen, umgeben von einem wunderschönen goldenen Licht.

Eine heilende Reise nach Shambala

Jetzt hast du deinen Lichtkörper oder die goldene Pyramide herabgeholt und fühlst, wie bequem das ist und wie du vollständig davon umhüllt bist. Wenn die goldene Pyramide erst einmal um dich herum ist, denke daran, sie unter deinen Füßen zu schließen, damit du überall von deinem Lichtkörper umgeben bist.

Jetzt bist du bereit, nach Shambala aufzubrechen.

Visualisiere, wie du in deiner goldenen Pyramide des Lichtes abhebst, dich über die Ebene der Erde erhebst und dich ganz einfach durch den Äther bewegst, bis du hoch über der Wüste Gobi die strahlenden Lichter einer wunderschönen Stadt leuchten siehst. Ja, das ist Shambala ... die ätherische Stadt des Lichtes. Das wunderschöne Leuchten der Stadt füllt den Himmel mit einem strahlend weißen Licht.

Du landest ganz einfach in deiner goldenen Pyramide, kurz vor einer breiten funkelnden Kristallbrücke, die zur Stadt führt. Wenn du erst einmal gelandet bist, verlässt du deine goldene Pyramide, indem du die Tür an der Seite der Pyramide öffnest. Dann gehst du über die Brücke in die Stadt.

Das Erste, was du bemerkst, während du Shambala betrittst, ist, dass der Tag makellos ist. Der Himmel ist blau, von einem ganz klaren Blau; die Temperatur ist ideal. Es weht ein leichter Wind, der ganz sanft dein Gesicht streichelt. Nie zuvor hast du solch ein perfektes Wetter erlebt. Nie zuvor hast du dich ausgeruhter, harmonischer oder friedlicher gefühlt als beim Betreten der Stadt des Lichtes.

Es gibt etwas sehr Spezielles an Shambala, was du gleich bemerkst. Es steht im Gesicht aller Lebewesen geschrieben, an denen du vorbeigehst; jedes wunderschöne Gesicht ist unglaublich offen, glücklich und lächelnd. Und du bemerkst, dass es an diesem Ort eine Glückseligkeit gibt, die an nichts heranreicht, was du je auf dem Planeten Erde erlebt hast. Dieser Ort strahlt eine Magie, einen Frieden, eine Schönheit aus, die dich mitten ins Herz trifft. Es ist alles so zauberhaft, dass du plötzlich bemerkst, wie du mit allen, die dir begegnen, auf telepathische Art kommunizierst – Gedanke mit Gedanke, Herz mit Herz.

Und in diesem Augenblick beginnen die Glöckchen in deinem Kopf zu klingen, jene wunderschönen, melodiösen Glöckchen ... *Ja, ich kommuniziere mit allen, von Herz zu Herz. Wir tauschen Liebe aus, von Herz zu Herz. Ja, von Herz zu Herz, das ist die Sprache von Shambala. Die Sprache der Liebe, die Sprache des Herzens.* Und die Macht und die Schönheit des Ganzen überwältigen dich durch ihre völlige Unschuld und Einfachheit. Und du bemerkst, wie oft deine Interaktion mit anderen Wesen auf der Ebene der Erde mit verschlossenem Herzen erfolgt. Du bemerkst, wie oft du selbst wachsam und in Verteidigungsposition bist, denn hier in Shambala ist das zum ersten Mal in deinem Leben nicht so. Hier bist du ganz offen und im Frieden. Vollständig offen. Hier gibt es nichts zu fürchten, und du bemerkst, dass du dieses Gefühl nie auf der Ebene der Erde erlebt hast; du hast nie wirklich erlebt, wie es wäre, wie es sein könnte, zu leben und zu atmen und herumzulaufen ... mit einem offenem Herzen.

Genieße das Gefühl

Jetzt bleibe eine Weile bei diesem Gedanken, diesem Gefühl, dieser Erfahrung. Bade darin. Genieße es. Genieße die Offenheit, die Liebe.

Genieße es herumzulaufen, genieße es, durch die strahlenden Straßen dieser Stadt des Lichtes zu wandern, genieße die Liebe, die jedes Wesen, dem du begegnest, dir gegenüber und durch dich ausstrahlt, genieße es, all diese Liebe wieder aus deinem eigenen Herzen zurückströmen zu lassen zu allen Wesen, die du triffst. Genieße immer weiter. Bade in der Liebe, die jedes Wesen und jeder Stein in Shambala ausströmen, lass sie in jede Pore deines Wesens einsickern, in dein Innerstes, in dein Herz hinein. Lass sie dich von allen Sorgen befreien, von allen Schmerzen, allen Verletzungen heilen.

Es gibt viel zu sehen und zu erfahren in Shambala, aber jetzt ist es an der Zeit, zur Ebene der Erde zurückzukehren. Während du gehst, sagen dir die Bewohner in ihren klaren, melodiösen Stimmen, die du in dir klingen und singen hörst, dass du jederzeit wirklich sehr willkommen bist zurückzukommen. Jederzeit. Deshalb atmest du tief ein, während du der Stadt des Lichtes auf Wiedersehen sagst. Und du weißt, dass du bald zurückkehren wirst, um weitere Heilung und mehr Liebe zu erleben. Und du atmest so viel wie möglich ein von der Güte, von dem Ruhm und von dem

Wunder, während du zu deiner goldenen Pyramide zurückgehst, die auf dich an der anderen Seite der Kristallbrücke wartet.

Während du die goldene Pyramide betrittst und dich hinsetzt, erkennst du, was das Geheimnis von Shambala ist: Jeder, jedes Wesen in Shambala hat ein offenes Herz. Jedes Wesen strömt Liebe aus, *ist* Liebe. Ja, das ist es. Das ist die Magie. Das ist es, was das wunderbare Gefühl ausmacht, warum es sich so gut anfühlt, dort zu sein ... Du hörst die kristallklaren Stimmen aller Wesen der Stadt des Lichtes, wie sie dir zurufen ... dir sagen ... nimm die Erinnerung des offenen Herzens mit auf die Erde zurück. *Nimm die Erinnerung des offenen Herzens mit auf die Erde zurück. Nimm die Erinnerung des offenen Herzens mit. Nimm das offene Herz mit.*

Und so hebst du ab, fliegst wieder nach Hause zurück, zurück in dein Leben, deinen Körper, an deinen Platz auf der Ebene der Erde. Während du langsam die Augen öffnest, weißt du, dass ein großartiger Heilungsprozess stattgefunden hat, ein einzigartiges Öffnen des Herzens ... Und so sei es.

– ABKÜRZUNG –

Urteilsvermögen

Du fragst also, mein Freund, woher sollen wir das wissen? Wie können wir beurteilen, was die Wahrheit ist? Wie können wir zwischen diesem und jenem Pfad wählen. Zwischen dieser Handlung und einer anderen? Zwischen richtig und falsch?

Bei so vielen Informationen, die wir erhalten, bei so vielen Lehrern, bei so vielen Büchern ... Wie können wir das beurteilen?

Und ich sage dir, mein Freund, vertraue auf die Weisheit deines Herzens. Ja, vertraue ihr, weil sie dich nicht verraten wird.

Frage dich:

Wie fühlt sich diese Lehre für mich an? Wie fühlt sich dieser Weg an? Fühlt es sich richtig an? Wie fühlt sich diese Lehrerin oder dieser Lehrer für mich an? Fühlt sie sich richtig an? Fühlt er sich liebevoll an? Bringt mir diese Lehre Freude? Verbessert sie mein Leben, und bringt sie mir und anderen Heilung, Liebe und Inspiration? Bringt sie mehr Licht und mehr Liebe in die Welt? Welche Auswirkungen hat sie? Was für ein Gefühl vermittelt sie mir, tief im Herzen?

Wenn eine Lehre sich nicht richtig anfühlt, oder wenn ein Lehrer sich nicht richtig anfühlt – tief in deinem Herzen –, dann passt die Lehre oder der Lehrer nicht zu dir. Ganz gleich, was deine Freunde oder dein Verstand dir erzählen – du solltest auf dein Herz hören. Wenn es sich nicht richtig für dich anfühlt, segne es mit Liebe – und geh weiter.

Nur so kann jeder von uns zu einem Urteil kommen, nur so können wir wählen. Denn in diesem Universum des freien Willens wachsen wir, indem wir unsere Wahlmöglichkeiten bewusst wahrnehmen – und dann lernen, wie wir weisere Entscheidungen fällen.

Genau diese Entscheidungen, wie schwierig sie auch zu sein scheinen, sind die Lernaufgaben zur Schulung des Urteilsvermögens, die wir uns gegeben haben, damit wir uns daran weiterentwickeln können. Deshalb höre auf dein eigenes Herz, mein Freund. Lerne, seiner Weisheit zu vertrauen, denn nur dein Herz kennt die Antwort.

– BITTE EINTRETEN –

Eine Reise zum Entspannungswald

Eine weitere wunderbare Weise, dich zu heilen und zu nähren, ist die Reise zum Entspannungswald, wo du dich dem Licht und der Liebe öffnen kannst.

Beginne deine Meditation, indem du dich mit Licht umgibst.

Um zum Entspannungswald zu reisen, benötigst du auch dieses Mal wieder deinen Lichtkörper. Setze oder lege dich bequem hin, und atme tief ein und aus. Wenn du es bequem hast, dich entspannt und friedlich fühlst, visualisiere deinen Lichtkörper direkt über deinem Kopf. Sieh ihn als eine goldene Pyramide des Lichtes – groß genug, um darin zu sitzen –, die direkt über deinem Kopf schwebt und darauf wartet, dass du sie zu dir herabholst. Rufe also deinen Lichtkörper herbei, und schau zu, wie er zu dir herunterkommt, dich umschließt und sich unter deinen Füßen schließt. Wenn du sicher und geborgen in deinem Lichtkörper sitzt, bist du bereit für die Reise.

Fühle, wie du dich in deinem Lichtkörper über die irdische Ebene erhebst und durch die ätherische Ebene saust, bis du über dir einen riesigen, glühenden Bereich aus goldenem Licht siehst. Dieses riesige Gebiet ähnelt deinem eigenen Lichtkörper – es ist nur viel größer. Und tatsächlich, der Bereich des Lichtes, den du siehst, ist so riesig, dass er einen unermesslich weiten Raum einnimmt. Du näherst dich ihm in deinem Lichtkörper und stellst fest, dass dein eigener Lichtkörper ganz einfach mit diesem riesigen Lichtkörper verschmilzt. Wenn du mit dem Licht verbunden bist, verlasse deinen Lichtkörper, indem du die Tür an der Seite öffnest, und zu deiner großen Verwunderung und Freude betrittst du den wunderschönsten Wald, den du je gesehen hast.

Dieser Wald ist unglaublich grün und üppig. Tatsächlich ist es der perfekte Wald für dich. Die Temperatur ist perfekt, die Bäume sind perfekt, die Pflanzen, die Wege, alles ist wunderbarer und makelloser als irgendein Wald, den du je zuvor auf der Erde gesehen oder erlebt hast. Die Luft ist rein und frisch, der Fluss, der fröhlich neben dem Weg dahinplätschert, ist absolut sauber und klar. Dann bemerkst du die Vögel, die süßer singen als irgendein Vogel, den du je zuvor gehört hast. Also gehst du entzückt und verzaubert auf dem Weg weiter ... bestaunst den Himmel, die Bäume, die Bäche, die Vögel – voller Verwunderung und Freude. Und du fühlst, wie du tief atmest, tiefer als je zuvor ... Du staunst, wie entspannt und friedlich du bist. Du hast dich nie zuvor in deinem Leben so wohlgefühlt, so entspannt.

Heile deine verschiedenen Körper

Du fühlst dich so sicher und entspannt, dass du beschließt, dich unter einer majestätischen alten Rotbuche hinzulegen, die mitten aus einem Kreis aus schlanken, zierlichen Birken, die sich sanft im leichten Wind wiegen, herausragt. Während du es dir in dem süß riechenden Gras bequem machst, fühlst du dich völlig ruhig, es ist vollkommen behaglich. Du fühlst dich so geborgen, so entspannt, dass du plötzlich die Idee hast, dass du deine verschiedenen Körper ablegen und sie ins warme Licht legen möchtest, damit sie geheilt werden ... Also legst du deinen mentalen Körper ab, schüttelst ihn ein bisschen aus (ganz sanft) und legst ihn auf einen schönen weichen Platz im Gras gleich neben dir. Dann legst du deinen emotionalen Körper ab, umarmst ihn sanft und suchst einen weiteren schönen weichen Flecken im Gras, auf dem er sich entspannen kann. Schließlich legst du deinen physischen Körper ab und legst ihn ebenfalls auf einen wunderschönen Platz im weichen Gras.

Während du dir deine Körper anschaust, hörst du jeden einzelnen tief seufzen vor Freude und Entspannung, während sie dort liegen und die heilende Energie des Entspannungswaldes aufnehmen.

Dann schaust du an dir herunter und siehst, dass alles, was von dir übrig geblieben ist, nachdem du all deine Körper abgelegt hast, nur reines Licht ist! Du bist nichts als Licht, reines Licht! Das ist es, was du bist! Da ist keinerlei Dunkelheit mehr in dir – auch nicht im Wald ... Alles ist reines Licht, da gibt es nichts anderes.

Du fühlst dich so glücklich, so leicht wie Licht ... Du fühlst reines Entzücken ... ja, das bist du. Reines Entzücken ... Also tollst du herum – so glücklich wie ein Kind, bis dir plötzlich danach zumute ist, dich auch im warmen Sonnenschein in das weiche Gras zu legen. Also tust du das. Und als du dich ausstreckst und entspannst, fühlst du, wie dich ein wohltuender, heilender Schlaf überkommt ... sich sanft auf deine Augenlider aus Licht legt ... bis du fühlst, dass du dich in diesem reinen, beglückenden Licht auflöst ...

Und dort bleibst du eine Weile ... verweilst dort und genießt es ... in diesem Traumzustand des reinen Lichtes zu sein ... so lange du möchtest ...

Wenn du etwas später wieder aufwachst, weißt du tief in deinem Herzen aus reinem Licht, dass du eine tief gehende Heilung erlebt hast. Du weißt, dass der Entspannungswald dich mit seinem Zauber gesegnet hat. Dieser heilige Wald hat dich und deine Körper gereinigt – und alle Verletzungen, allen Schmerz, allen Ärger, alle Sorgen aus deinem mentalen, emotionalen und physischen Körper aufgenommen.

Also stehst du voller Freude auf und ziehst deine Körper wieder an – deinen mentalen, emotionalen und physischen Körper. Aber sogar wenn deine Körper das reine Licht bedecken, das du bist, fühlst du dich leichter und lichter und freier und glücklicher, als du dich je zuvor gefühlt hast.

Du atmest tief.

Du streckst deine Arme zum Himmel hoch und lächelst.

Du fühlst, wie sich dein Herz öffnet und voller Liebe und Licht weit wird ...

Dann verabschiedest du dich vom Entspannungswald und gehst rasch zu deinem Lichtkörper zurück. Du setzt dich in deinen Sitz und machst dich wieder auf den Weg zur irdischen Ebene. Während du wieder aufsteigst, weißt du in deinem Herzen, dass du eine großartige Heilung erlebt hast und als glücklicherer und harmonischerer Mensch in dein Leben zurückkehrst. Du bedankst dich für die Heilung, die du gerade erlebt hast ... und das ist das Ende der Reise.

TOR 3:

MEISTERSCHAFT ÜBER DAS EIGENE SELBST ERLANGEN

Erst wenn wir unser eigenes Selbst meistern,
können wir einen Beitrag zur Transformation
des Planeten leisten

Die einzige Möglichkeit, den destruktiven Kreislauf der negativen Energie, die den Planeten Erde verpestet, zu entschärfen, ist, die Meisterschaft über sich selbst zu erlangen. Der gegenwärtige, bedauernswerte Zustand der Erde kommt daher, dass die Menschen fortfahren, Negativität, negative Gefühle und niedrigere Verhaltensmuster mit einer dichten Energie und einengenden Verhaltensweisen zu verbreiten.

In der Praxis bedeutet das, dass du aller Wahrscheinlichkeit nach auf den Ärger, dem sich jemand in deiner Gegenwart Luft macht, mit noch mehr Ärger reagierst. Anders ausgedrückt, du reagierst wahrscheinlich auf physische und emotionale Gewalt mit noch mehr physischer und emotionaler Gewalt. Du verbreitest vermutlich die negativen Energien, die den Planeten Erde verpesten, weiter, selbst wenn das aller Wahrscheinlichkeit nach nicht deine Absicht ist. In der Regel wird dir nicht einmal bewusst sein, dass du das tust. Es ist dir sicher nicht einmal klar, dass du mit deinem eigenen Verhalten zu dem Kreislauf der Negativität beiträgst, der die Erde verpestet und verwüstet.

Deshalb ist es so wichtig, dass du dir deines eigenen Verhaltens bewusst wirst – und lernst, wie du deine Verhaltensweisen kontrollieren und verändern kannst, wenn sie nicht angemessen sind, d. h. wenn deine Worte und Gedanken und Gefühle nicht dem höchsten Gut dienen. Dieser Prozess nennt sich "Meisterschaft über das eigene Selbst erlangen". Und die Meisterschaft über das eigene Selbst zu erreichen, das ist in diesen Zeiten von entscheidender Bedeutung.

Der erste Schritt zur Meisterschaft über das eigene Selbst ist, unsere eigenen Verhaltensmuster wahrzunehmen. Damit sind wir in der Lage, uns bewusst dafür zu entscheiden, nicht mehr die negativen Energien zu verbreiten, die den Planeten verderben. Wenn wir die Meisterschaft über das eigene Selbst erreichen – wenn wir die Meister unseres eigenen Verhaltens sind –, wählen wir bewusst, in jeder Situation mit Liebe zu reagieren, bis sich dieses neue Verhaltensmuster spontan einstellt. Ein wirklicher Meister strahlt nicht nur Liebe aus, sondern gibt auch den Anstoß zur Liebe und schickt sie in Situationen, in denen Liebe fehlt.

Ein großes Geheimnis: Wenn du dein eigenes Verhalten meisterst, wenn du deine Worte und Gedanken und Gefühle meisterst und nur Liebe ausstrahlst, wirst du dich großartig fühlen! Du wirst ein tiefes Gefühl der Freude erfahren, und dein Leben wird sich unwiderruflich zum Besseren hin verändern. Abgesehen davon, dass dies gut für den Planeten Erde ist, ist die Meisterschaft über das eigene Selbst ein glückseliger Zustand des Bewusstseins, der vollkommen transformierend wirkt.

– SCHLÜSSEL ZUM ÖFFNEN DES TORES –

Stufen zur Meisterschaft über das eigene Selbst

1. Nimm dein Verhalten bewusst wahr.
2. Diszipliniere dich.
3. Reagiere bewusst.
4. Initiiere Liebe.

– BITTE EINTRETEN –

Nimm dein Verhalten bewusst wahr

Das Wahrnehmen deines eigenen Verhaltens – und des Verhaltens von anderen – ist der erste Schritt auf dem Weg zur Meisterschaft über das eigene Selbst.

Wenn du beginnst, dein eigenes Verhalten zu beobachten und wahrzunehmen, wirst du schnell entdecken, dass du selbst, wie die meisten anderen Menschen auch, automatisch auf innere und äußere

Ereignisse, Situationen und das negative Verhalten von anderen reagierst. Ihre Reaktionen und deine Reaktionen sind einfach konditionierte Antworten, d. h. Verhaltensmuster oder Reaktionen, die zu einem bestimmten Zeitpunkt im Leben gelernt und im mentalen und emotionalen Körper abgespeichert worden sind. Wenn eine spezielle Situation eintritt, reagierst du automatisch. Anders ausgedrückt, du handelst, ohne nachzudenken. Du verstrickst dich in die Situation oder in deine Gefühle und bist nicht in der Lage, einen Schritt zurückzutreten, die Situation zu analysieren und dann ein Verhaltensmuster zu wählen, das dem höchsten Gut dient – d. h. deinem Wohl und dem des Planeten.

Klingt das nach dir? Wenn ja, ist das ein großer Schritt vorwärts, denn du bist in der Lage, dieses automatische Verhalten bei dir selbst zu erkennen.

Wenn du erst einmal mit diesem Prozess der bewussten Wahrnehmung deiner Interaktionen beginnst, wirst du feststellen (wenn du ehrlich bist), dass du meist oder zumindest oft in vielen oder den meisten Situationen reagierst, *ohne zu denken oder dir bewusst zu sein, was du sagst und tust*. Also fang einfach damit an, dass du dich entscheidest, dich zu beobachten. Doch beurteile dich nicht zu hart. Alle, die je die Meisterschaft über das eigene Selbst erreicht haben, haben damit begonnen, ihr eigenes Verhalten zu beobachten, und zu ihrer großen Bestürzung haben sie entdeckt, dass ihr Verhalten einfach nicht gut genug war.

Wie sieht das in der Praxis aus – wie beobachtet man sein eigenes Verhalten?

Du kannst diesen Prozess mit der Entscheidung beginnen, in deinem Leben Raum dafür zu schaffen, jeden Tag dein Verhalten zu untersuchen und wahrzunehmen. Nimm dir ein paar Minuten, z. B. jeden Abend kurz vor dem Einschlafen, um dir deine Handlungen während des Tages noch einmal durch den Kopf gehen zu lassen. Wie hast du reagiert, als dein Kollege sich heute Nachmittag über dich geärgert hat? Wie hast du reagiert, als dein Chef dich gerügt hat, als du die Aufgabe nicht so erfüllt hast, wie er es wollte? Wie hast du reagiert? War deine Reaktion angemessen gewesen? Hat sie das gewünschte Ergebnis gebracht? Hättest du dich angemessener verhalten können, zum Beispiel liebevoller? Was hast du während des Tages durch deine

Interaktionen mit anderen geschaffen bzw. manifestiert?

Diese Art von Rückschau wird dir helfen, wenn du täglich übst. Sie wird in deinem Bewusstsein Raum schaffen, damit du vielleicht beim nächsten Mal ... oder beim übernächsten Mal, wenn eine ähnliche Situation auftaucht, Abstand oder Distanz wahren kannst. Dann wirst du bemerken oder *dir wird bewusst*, was vor sich geht, ehe du reagierst. Anders ausgedrückt, du wirst in der Lage sein, diesen Sekundenbruchteil von Bewusstheit einzusetzen, um dein Verhalten zu untersuchen, bevor du automatisch reagierst. Wenn dir das gelingt, wirst du die Kraft haben, dein Leben und deine Umgebung völlig zu verändern.

Ein weiterer guter Zeitpunkt, dein Verhalten nochmals anzuschauen, ist während du meditierst. Wenn du erst einmal zur Ruhe gekommen und entspannt bist, nimm dir ein paar Minuten Zeit, um dir deine Handlungen nochmals durch den Kopf gehen zu lassen. Sei nicht zu kritisch, beobachte einfach, wie die Ereignisse vor deinem geistigen Auge vorbeiziehen ... und schau dir an, was du so kreierst.

– ABKÜRZUNG –

Das Gesetz der Manifestation

Unsere Worte, Gedanken und Gefühle manifestieren sich und werden die sichtbaren äußeren Bedingungen und Umstände unseres Lebens und unserer Umgebung. Das Gesetz der Manifestation lehrt uns, dass sich das, worauf wir unsere Aufmerksamkeit richten, manifestiert und wächst.

Unsere Aufmerksamkeit ist unser Zauberstab. Indem wir lernen, unsere Aufmerksamkeit auszurichten und darauf zu lenken, was in unserem Leben geschehen soll, können wir unser Leben vollständig verändern, uns das Leben erschaffen, das wir immer haben wollten, und den Planeten Erde in einen neuen Garten Eden verwandeln.

Darum ist es so wichtig, unsere Aufmerksamkeit zu fokussieren. Es ist unsere heilige Pflicht, unsere Aufmerksamkeit zu lenken und zu steuern, damit unsere Worte, Gedanken und Gefühle immer nützlich, positiv, konstruktiv und präzise sind. Wenn du die Macht deiner Worte, Gedanken und Gefühle ganz realisierst, wirst du verstehen, warum das so ist. (Vergleiche meine Bücher "Fast Food für die Seele" und "Mentale Techniken", in denen mehr darüber geschrieben steht, wie der Verstand arbeitet; auch das Gesetz der Manifestation wird dort näher erläutert.)

– BITTE EINTRETEN –

Diszipliniere dich

Wenn du erst einmal damit beginnst, dein Verhalten und das Verhalten anderer Menschen bewusst wahrzunehmen, wirst du wahrscheinlich entsetzt sein darüber, was du entdeckst. Du wirst sehen, wie oft du (wie auch die meisten anderen Menschen) reagierst, ohne nachzudenken, d. h. *unbewusst*. Du wirst immer klarer sehen, wie die meisten Menschen die Negativität weiter verbreiten, selbst wenn das nicht ihre Absicht ist. Wenn du sie fragst, würden sie wahrscheinlich nichts anderes als gute Absichten und ein tiefes Verlangen nach Frieden in der Welt und mehr Liebe auf dem Planeten ausdrücken.

Leider wissen sie nicht, wie man dieses Ziel erreichen kann, da sie das Gesetz der Manifestation nicht kennen.

Du kannst nicht direkt etwas tun, um das Verhalten der anderen Menschen zu verändern, aber du kannst viel tun, um dein eigenes Verhalten zu verändern und zu verbessern. Daher ist dein nächster Schritt auf dem Weg zur Meisterschaft über dein eigenes Selbst, damit zu beginnen, genau darauf zu achten, auf Negativität nicht automatisch mit noch mehr Negativität zu reagieren.

Wenn du versuchst, dich zu kontrollieren – und das Gesetz der Manifestation verstehst und damit arbeitest – wirst du überrascht sein, wie dein Verhalten die Menschen um dich herum beeinflusst.

Die Lehre von der Selbstdisziplin ist eine sehr kraftvolle Technik, denn wenn du die *bewusste* Wahl triffst, dich zu weigern, auf Ärger mit mehr Ärger zu reagieren, wenn du dich entscheidest, *nein* zur Negativität zu sagen, dann ist die Folge, dass sich viele seltsame und wundersame Dinge ereignen werden ...

– BITTE EINTRETEN –

Reagiere bewusst

Die Meisterschaft über sich selbst zu erreichen, bedeutet zu erkennen, dass du derjenige in deinem Leben bist, der entscheidet, und dass du die Wahl hast, wie du auf jedes einzelne Ereignis reagierst.

Um derjenige zu werden, der in deinem Leben die Entscheidungen trifft, musst du deinen freien Willen einsetzen und dich für neue und bessere Gedanken (gottgleiche Gedanken) entscheiden über das, was um dich herum geschieht. Da du der einzige Denker in deinem Verstand bist, bist du auch der Einzige, der über deine Gedanken entscheidet.

In diesem Zusammenhang ist es wichtig zu verstehen, dass du kein Gefühl fühlen kannst, ohne dass du zuvor einen Gedanken gehabt hast. Der Gedanke ist immer das Erste. Ein glückliches Gefühl entsteht aus einem glücklichen Gedanken. Ein unglückliches Gefühl entsteht aus einem unglücklichen Gedanken. Um deine Gefühle zu verändern, musst du zuerst deine Gedanken verändern.

Dafür musst du deinen freien Willen benutzen. Das kann niemand für dich tun. Falls es jemand tun könnte, wärst du kein freies Individuum. Die Tatsache, dass du und ganz allein du deine eigenen Gedanken wählen kannst, ist es, die dich frei macht.

Wenn wir gelernt haben, in der richtigen Weise zu denken, werden wir auch gelernt haben, wie man die Spannungen und Konflikte auf der Erde reduziert und stattdessen Frieden schafft. Viele der Meditationen in diesem Buch, wie z. B. die Übung, das Göttliche in anderen zu sehen (Seite 73 ff), können dazu beitragen, dass du lernst, in Zukunft die bessere Wahl zu treffen.

– BITTE EINTRETEN –

Initiiere Liebe

Wenn du anfängst, Liebe zu erschaffen, d. h. zu initiieren, wirst du ein wirklicher Meister.

Bis zu diesem Punkt in deiner Entwicklung ist

Liebe passiv. Anders ausgedrückt, Liebe entsteht für gewöhnlich als Antwort auf Liebe von außen. Du liebst diejenigen, die dich lieben. Du gibst Liebe zurück, wenn du Liebe fühlst oder erfährst. Eine solche Liebe ist natürlich immer noch Liebe, aber sie ist nicht so frei, mächtig oder unabhängig wie die selbst hervorgerufene Liebe.

Selbst initiierte Liebe ist eine aktive Liebe.

Selbst initiierte Liebe ist Liebe, zu der man sich selbst berechtigt hat – und sie ist eindeutig frei und unabhängig. Und weil sie unabhängig von äußeren Umständen oder Bedingungen ist, entspringt die selbst initiierte Liebe dem offenen Herzen eines Menschen, der die Natur der Realität versteht.

Die selbst initiierte Liebe ist nicht nur eindeutig frei und unabhängig, die selbst initiierte Liebe ist das Kennzeichen eines wirklichen Meisters. Da der wirkliche Meister die Macht der Liebe kennt, weiß er, dass Liebe außerordentlich kreativ ist, dass die Liebe der universelle Baustein ist, und er erschafft Liebe in allen Situationen, er ist der Urheber und Initiator von Liebe. Folglich nimmt der Meister seinen rechtmäßigen Platz als wirklicher Urheber, als Mitschöpfer des Wunders der Kreation ein.

111

Dadurch, dass Liebe dort hervorgerufen, ausgestrahlt, verströmt wird, wo keine Liebe ist, findet eine Transformation statt. Das ist das Wunder der Meisterschaft über das eigene Selbst, man könnte es auch das Erwachen des Christusbewusstseins nennen. Keine andere Erfahrung auf der Erde ist glückseliger als diese. Diese Erfahrung ist in der Tat die Erfahrung von *Gnade* ...

Deshalb frage dich auf deinem Weg, auf dem du von Tor zu Tor zu dem wunderbaren *Tor zur Gnade* wanderst, was möchte ich wirklich erfahren? Was möchte ich für mich und andere erschaffen und manifestieren? Auf was sollte ich meine Aufmerksamkeit richten? Ist das gut genug, wichtig genug? Was heißt das tatsächlich: gut genug? Was ist das höchste Gut? Was ist das Höchste und Beste, das ich mir ausmalen kann? Ist das die höchste Weisheit? Ist das dieser magische Zustand der *Gnade*, nach dem wir uns alle sehnen?

Wenn du die Antworten auf diese Fragen kennst, widme dich ganz entschieden dieser Liebe und diesem Licht ... und schwanke nie.

Ein wahres Kraftwerk der Liebe sein

Manche Menschen sagen vielleicht, dass all dieses Gerede über Meisterschaft des eigenen Selbst nach ziemlich harter Arbeit klingt, nach Opfern und Disziplin, aber was sie nicht verstehen, ist, dass diese ganze Geschichte mit der Liebe dich dazu bringt, dass du dich absolut großartig fühlst. Wenn du ein Kraftwerk der Liebe, ein Liebesgenerator bist, jemand, der Liebe ausstrahlt, wenn du also dort draußen bist und Liebe und Licht jedem einzelnen Menschen, dem du begegnest, weiterleitest, Liebe in alle Richtungen ausstrahlst, dann stellst du fest, dass du dabei tatsächlich die beste Zeit deines Lebens hast.

Das hat einen einfachen Grund: Du kannst Liebe nicht ausstrahlen, wenn du sie nicht selbst fühlst. Wenn du also eine oder einer von denen bist, die Liebe den ganzen lieben langen Tag ausstrahlen, überall dort, wo sie sind, musst du diese Liebe auch selbst erfahren und dich daran erfreuen. Sonst könntest du sie nicht ausstrahlen. So einfach ist das.

So wie ich es mir vorstelle, hat jeder Mensch, der diese Liebe ausstrahlt, zu einem bestimmten Zeitpunkt seines Lebens die folgende Erfahrung gemacht in seiner Entwicklung hin zu jemandem, der Liebe verbreitet: Er oder sie wacht an einem sonnigen Morgen auf, schaut in den Spiegel und entdeckt – zu seiner oder ihrer großen und anhaltenden Freude und Verwunderung –, dass er oder sie tatsächlich nichts weniger und nichts mehr als Liebe selbst ist ... und das zu sein, ist ziemlich beglückend.

Wie man den Verstand spirituell einsetzt

Das spirituelle Einsetzen des Verstandes ist eine aktive Form der Meditation oder Kontemplation, bei der man seine Gedanken lenkt, anstatt zu versuchen, ohne Gedanken zu sein, so wie man es in verschiedenen anderen Arten der Meditation anstrebt. Beim spirituellen Einsetzen des Verstandes gleichst du deine Gedanken an die Natur der Realität an, die auch mit Begriffen wie die EINE Präsenz, Gott, das Gute, die göttliche Kraft, die Lebenskraft, Brahman und mit vielen anderen Namen bezeichnet wird. Lass uns diese Kraft der Einfachheit halber die EINE Präsenz nennen.

Diese Art der Meditation kann dazu benutzt werden, alle Arten von Problemen zu behandeln oder zu beseitigen - sei es ein gesundheitliches Problem, ein finanzielles Problem oder ein Beziehungsproblem - und/oder um das spirituelle Wachstum zu fördern und das Bewusstsein auf eine höhere Ebene zu heben.

Warum ist es so wichtig, den Verstand zu lenken? Weil der Gedanke der ursächliche Faktor im Universum ist. Und da alle Gedanken schöpferisch sind, wissen wir, dass sich all unsere Gedanken manifestieren. Auf diese Weise spiegelt unser Leben unsere Gedanken ganz exakt wider. Wenn wir die Gedanken lenken, stimmen wir unser Denken wieder auf die Natur der Realität ab, die das perfekte Gute ist, wie wir weiter unten sehen werden. Dann spiegelt auch unser Leben Perfektion wider.

Die Methode

So sollte man vorgehen: Entscheide dich zuerst, um was es gehen soll. Vielleicht möchtest du zum Beispiel gesünder sein. Wenn du dich entschieden hast, worum es geht, vergiss es wieder, und beginne deine Behandlung wie folgt. Sage dir zuerst: *Diese Behandlung ist für mich.* Dann setze dich bequem hin – und entspanne. Atme ein paar Mal tief ein und aus, und entspanne deinen Körper, genauso wie in der Meditation. Lass alle Spannungen los, und wenn es dir danach ist, meditiere ein paar Minuten lang über deinen Atem, um dich noch mehr zu entspannen.

Wenn du dich vollkommen entspannt fühlst, fange damit an, deine Aufmerksamkeit auf die Natur der Realität und die EINE Präsenz, die hinter allem steht, was wir erleben, zu lenken. Du kannst zum Beispiel mit dem Gedanken beginnen, dass es nur EINE Präsenz, EIN Leben, EINE Existenz gibt – und dass diese EINE Präsenz oder dieses EINE Leben (das auch Gott genannt wird) allgegenwärtig, allmächtig und allwissend ist. Anders ausgedrückt, es gibt nur die EINE Präsenz. Das bedeutet, dass die EINE Präsenz die *eine und einzige* existente *Macht* ist und dass sie die gesamte Existenz erschafft, mit Leben erfüllt und bewahrt.

Wenn sich in deinem Verstand erst einmal der Gedanke gefestigt hat, dass die EINE Präsenz die *eine und einzige Macht* ist und dass die EINE Präsenz in und durch alles und alle wirkt, kannst du damit beginnen, näher auf einige der verschiedenen Aspekte der EINEN Präsenz einzugehen. Diese Aspekte umfassen das Leben, die Wahrheit, die

117

Liebe, die Intelligenz, die Seele, den Geist, das Prinzip und das perfekte Gute.

Nachfolgend habe ich ein paar Ideen aufgelistet, die dir als Gedankenanstöße dienen sollen.

Aspekte der EINEN Präsenz

Leben: Leben ist Existenz. Es gibt nur Leben. Es gibt nur EIN Leben, und dieses Leben ist überall, in allem. Die EINE Präsenz (oder Gott) ist dieses Leben – sie ist die Leben gebende Kraft hinter der gesamten Schöpfung. Dieses Leben ist die erste Ursache – die Ursache der gesamten Schöpfung. Und da es nur dieses Leben gibt, bedeutet das, dass es keine entgegenwirkende Kraft gibt. Anders ausgedrückt, es gibt in dieser Existenz nichts anderes als dieses Leben. Das bedeutet auch, dass es, wenn es nur das Leben gibt, nirgendwo in der Schöpfung die Abwesenheit von Leben gibt. Folglich erkennen wir, dass, da es nur Leben gibt, dieses Leben allmächtig und allgegenwärtig sein muss. Und da es nur Leben gibt, muss dieses Leben auch in dir sein. Folglich entdeckst du, dass genau dieses Leben, das die gesamte Schöpfung mit Leben erfüllt, auch jeden Aspekt deines Wesens mit Leben erfüllt. Nimm an und erkenne, was das bedeutet. Gestatte dir, die grenzenlose, bedingungslose Kraft dieses Lebens, die Stärke und Vitalität dieses Lebens, das Wunder dieses Lebens zu fühlen. Genau das ist die Essenz deines Wesens. Das ist deine wahre Natur. Dieses allmächtige, allgegenwärtige Leben bist du. Du bist Leben!

Wahrheit: Wahrheit ist das, was ist. Wahrheit ist das, was sich nie ändert. Also muss das Sein oder das Leben die Wahrheit sein, da es nur Sein oder Leben gibt. Das ist das Einzige, was wir sicher wissen. Wir wissen, dass es Leben gibt, weil wir da sind. Also muss das die Wahrheit sein. Du selbst musst auch Wahrheit sein, da du Leben bist und da du da bist.

Liebe: Die EINE Präsenz ist die Leben gebende Kraft hinter der gesamten Schöpfung. Diese EINE Präsenz hat alles Leben geschaffen und hat uns alles gegeben – ohne dass wir darum bitten mussten.

119

Diese EINE Präsenz oder Lebenskraft erhält und unterstützt die gesamte Schöpfung - auch dich und mich. Dieses grundsätzliche Geben der Lebenskraft aus sich heraus für sich selbst muss Liebe sein. Wie sonst könnten wir Liebe definieren, wenn nicht als das bedingungslose Geben von allem, was wir uns von Herzen wünschen.

Das ist das Leben - Welten über Welten ohne Ende und grenzenloses, ewiges Leben. Das ist die unwiderstehliche Güte des Lebens selbst und die absolute Sicherheit, Geborgenheit und Unterstützung, die wir suchen. Das heißt zuhause sein.

Intelligenz: Da die EINE Präsenz das Einzige ist, was es gibt, muss sie auch der unbegrenzte Geist oder die unbegrenzte Intelligenz sein, da sie die gesamte Schöpfung erdacht und geschaffen hat - mehr noch: Sie umfasst sie. Es kann keine Intelligenz geben, die sie nicht umfasst, da sie das Gesamte ist. Daher kann nichts, was du, ich oder irgendjemand sich ausdenken kann, für die EINE Präsenz undenkbar sein, da wir alle in diesem EINEN Leben leben, uns bewegen, denken und atmen.

Denke für einen Moment an den überwältigenden, komplizierten Tanz der Schöpfung – die Unermesslichkeit des Raumes mit seinen Myriaden von Galaxien, die Komplexität unserer eigenen Körper, das atemberaubende Gewebe des Lebens – das ist alles jenseits des menschlichen Fassungsvermögens. Und dennoch existiert die gesamte Schöpfung in dem grenzenlosen Geist der EINEN Präsenz, die dieses unglaubliche Ding, das wir das Leben nennen, koordiniert und organisiert. Das ist die allwissende Intelligenz der EINEN Präsenz oder Lebenskraft – und genau diese Intelligenz erfüllt dich mit Leben und erhält dich.

Seele: Die Seele eines jeden Menschen ist ein Funke der EINEN Präsenz oder Lebenskraft. Diese Lebenskraft hat sich in jedem Einzelnen von uns individualisiert. Folglich können wir sagen, dass *ihre Gesamtheit sich auch in jedem einzelnen ihrer Teile wiederfindet.* Das bedeutet, dass die beseelende Lebenskraft der EINEN Präsenz in jedem Teil ihrer Schöpfung präsent ist – einschließlich in dir und mir. Das bedeutet auch, dass jeder von uns jederzeit Zugang zu der gesamten Kraft, Stärke, Vitalität,

Intelligenz, Liebe, Schönheit, dem gesamten Leben der EINEN Präsenz hat. Daher ist alles, was für die EINE Präsenz gilt, auch die Wahrheit über dich.

Geist: Geist ist ein anderes Wort für die EINE Präsenz oder Lebenskraft, die die gesamte Schöpfung mit Leben erfüllt. Da die EINE Präsenz und Schöpfung keinen Anfang und kein Ende hat, kann der Geist, der die gesamte Schöpfung mit Leben erfüllt, auch keinen Anfang und kein Ende haben. Folglich erkennen wir, dass der Geist ewig und unsterblich ist. Und da du ein Teil der EINEN Präsenz bist, musst du auch die Eigenschaften dieser Natur haben, die weder Tod noch Geburt kennt. Folglich ist deine wahre Natur nicht an die sich verändernde Form dieses Körpers oder jenes Körpers gebunden – sondern sie ist ohne Anfang oder Ende. Deine wahre Natur ist frei. Unsterblich. Grenzenloses Leben. Ewiges Leben. Das bist du. Reiner Geist. Das ist deine wahre Natur. Wenn du daran zweifelst, frage dich, ob du dich an eine Zeit erinnern kannst, in der es dich nicht gab.

Prinzip: Ein Prinzip oder Gesetz ist etwas, das immer wahr ist, etwas, das sich nicht verändert. Da die EINE Präsenz oder Lebenskraft ewig und unsterblich ist, bedeutet das, dass sie sich nicht verändert. Daher ist die EINE Präsenz oder Lebenskraft ein unveränderliches Prinzip oder Gesetz. Und da es nur die EINE Präsenz oder Lebenskraft gibt, können wir auch sagen, dass die EINE Präsenz das unveränderliche Prinzip des perfekten Guten ist.

Das höchste Gute: Warum ist die EINE Präsenz das unveränderliche Prinzip des höchsten Guten? Also, was ist "gut"? Was ist deine Definition von "gut"? Deine Definition von "gut" ist die gleiche wie die, die alle anderen Menschen von "gut" haben. "Gut" bedeutet grenzenloses Leben, grenzenlose Liebe, grenzenloser Friede, grenzenlose Harmonie, grenzenloser Überfluss und grenzenlose Intelligenz.

Wie wir gerade gesehen haben, sind all diese Definitionen des Guten die Charakteristika der EINEN Präsenz – der Lebenskraft. Von daher wissen wir, dass die EINE Präsenz das unveränderliche Prinzip des perfekten Guten ist – und wir kommen auch zu dem Schluss, dass auch wir genau das sind!

Das ist deine wahre Natur. Folglich sehen wir, dass deine wahre Natur grenzenloses Leben, grenzenlose Liebe, grenzenlose Intelligenz, grenzenloser Überfluss ist. Anders ausgedrückt, deine Natur und die Natur der EINEN Präsenz sind das Gleiche, und diese Natur der EINEN Präsenz ist das höchste Gute.

Dies sind nur ein paar Vorschläge, wie du dich näher mit der EINEN Präsenz oder der Natur der Realität beschäftigen kannst. Wenn du mit dieser Art von Meditation vertraut bist, wirst du deine eigene Art finden, dich mit der Natur der Realität auseinanderzusetzen.

Sprich es aus

Wenn du mit diesen Gedanken eins geworden bist und die EINE Präsenz oder Lebenskraft erfährst, und wenn du erlebst, wie diese Präsenz dich mit Leben erfüllt, kannst du das Problem beim Namen nennen, mit dem du dich ursprünglich beschäftigen wolltest.

Wenn es dir um eine bessere Gesundheit geht, sage, wie du es bereits zu Beginn der Behandlung getan hast, dass diese Behandlung für dich ist. Sage dann: *Die Worte, die ich ausspreche, sind die Wahrheit über mich. Es gibt nur EINE Präsenz, eine Lebenskraft, die die gesamte Schöpfung mit Leben erfüllt – und diese EINE Präsenz oder Lebenskraft ist die gleiche Lebenskraft, die mich mit Leben erfüllt. Deshalb muss alles, was für die Lebenskraft wahr ist, auch für mich wahr sein. Anders ausgedrückt, die ganze Stärke, die ganze Kraft, die ganze Vitalität dieser Lebenskraft sind auch in mir. Und da außerdem nichts anderes existiert, gibt es keine entgegengesetzte Kraft. Deshalb kann es für mich auch keine Disharmonie oder Krankheit geben.*

Setze diesen Gedankenstrang fort, bis du erkennst, dass alles, womit du die EINE Präsenz im Allgemeinen beschrieben hast, auch für dich im Besonderen gilt. Wenn du überzeugt bist, dass das der Fall ist, wirst du erkennen, dass perfekte Gesundheit auch deine wahre Natur ist, da perfekte Gesundheit die Natur der Realität ist. Dann beende deine Behandlung, indem du dich für die perfekte Gesundheit bedankst. Denn du weißt, dass die EINE Präsenz jetzt in diesem Moment perfekte Gesundheit durch dich zum Ausdruck bringt.

Dann entspanne dich noch etwas – und fahre mit deiner alltäglichen Arbeit fort. Lass es nicht zu, dass im Verlauf dieses Tages irgendwelche Gedanken in dir aufkommen, die deiner Behandlung widersprechen. Wiederhole diese Methode ein- oder zweimal pro Tag, bis du in der Welt "draußen" – in deinem Alltag – erfährst, was du in der Welt "innen" erlebt hast.

Andere behandeln

Genauso wie du dich behandelt hast, kannst du auch andere behandeln. Du kannst jemanden behandeln, der anwesend ist, oder jemanden, der weit weg ist. Die Entfernung spielt keine Rolle.

Der einzige Unterschied zwischen deiner Behandlung und der für andere liegt darin, dass du, wenn du jemand anderen behandelst, am Anfang beispielsweise sagst: *Diese Behandlung ist für Jane.* Wenn es in der Behandlung um perfekte Gesundheit geht, sage: *Diese Behandlung ist für Janes perfekte Gesundheit. Die Worte, die ich ausspreche, sind die Wahrheit über Jane.* Dann fahre fort, wie ich es oben beschrieben habe.

Behandlung in Gruppen

Du kannst eine Behandlung auch gemeinsam mit anderen durchführen - für dich selbst und für andere Menschen oder um spezielle Werte zu fördern, wie z. B. Liebe, Frieden, Gesundheit oder Wohlstand. Wenn man eine Behandlung in einer Gruppe durchführt, ist es gut, einen Leiter zu benennen, der die Gedanken der Gruppe steuern kann. Der Leiter oder die Leiterin spricht dann laut über die Natur der Realität - wie oben beschrieben -, und die Gruppe kann entweder schweigend zuhören oder dem Leiter die Worte nachsprechen. Wenn der Leiter das Gefühl hat, dass genug über die Natur der Realität gesagt worden ist, kann er die Gruppe dazu anleiten, das Thema, um das es in der Sitzung geht, auszusprechen.

– SCHLÜSSEL ZUM ÖFFNEN DES TORES –

Wohlstand

Wenn du die göttliche Substanz und das Gesetz der Manifestation verstehst, kannst du lernen, wie man Wohlstand manifestiert und diese Erde in ein neues Paradies verwandelt.

– BITTE EINTRETEN –

Manifestiere alles, was du dir wünschst

Meisterschaft beinhaltet natürlich auch die Fähigkeit, die Manifestation auf der Erde zu meistern. Um die Abschlussprüfung in der Erdenschule zu absolvieren, musst du lernen, alles, was du dir wünschst, aus der Substanz, die der materiellen Ebene eigen ist und aus der sie besteht, zu manifestieren. Was meine ich mit Substanz?

Man könnte sagen, Substanz ist all das, was auf der irdischen Ebene manifestiert ist, alles, was du um dich herum siehst. *Websters Unabridged Dictionary of the English Language* (Websters ungekürztes Lexikon der englischen Sprache) definiert Substanz als: "Das, aus dem ein Ding besteht; Materie oder Material ..."

Diese Substanz – die viele zu Recht göttliche Substanz nennen – ist die Grundlage unseres Universums. Man könnte auch sagen, göttliche Substanz ist die Quelle all dessen, was wir um uns herum sehen. Deepak Chopra zum Beispiel nennt göttliche Substanz "das Feld der reinen Möglichkeiten". Andere nennen sie unendliche Energie. Wie auch immer man sie bezeichnet, Substanz ist der grundlegende Baustoff des Universums, aus dem alles, was existiert, entsteht.

Die Meisterschaft über das eigene Selbst beinhaltet die Fähigkeit, etwas direkt aus der göttlichen Substanz zu manifestieren. Jesus hat es mit den Broten und Fischen getan – und es wird berichtet, dass andere hoch entwickelte Wesen auf der Erde dies auch heutzutage tun.

Du kannst auf deinem Weg zur Meisterschaft über die Manifestation damit beginnen, dass du lernst, Substanz zu meistern und den Wohlstand zu manifestieren, den du dir in diesem Leben wünschst.

Wie machst du das?

Du meisterst deine Manifestationen, indem du die göttliche Substanz mit deinen Worten, Gedanken und Gefühlen lenkst und führst. Die göttliche Substanz ist das passive Feld, aus dem alles entsteht. Diese göttliche Substanz, die das Feld der reinen Möglichkeiten ist, antwortet immer ehrlich und sofort auf deine Anweisungen.

Dass dem so ist, kann man leider im Leben so vieler Menschen sehen, die ihre Macht zur Manifestation benutzen, um – ganz unbewusst – Armut und Mangel in ihrem Leben zu erschaffen. Sie tun dies, indem sie die göttliche Substanz formen oder begrenzen. Sie konzentrieren sich kontinuierlich auf den Mangel und verwenden andauernd Worte und Gedanken des Mangels und der Begrenzung. Die unendliche Energie oder göttliche Substanz des Universums formt sich dann nach dem Bewusstsein dieser Menschen. Anders ausgedrückt, das Einzige, was die Menschen davon abhält, reichlich Überfluss in ihrem Leben zu manifestieren, ist ihre eigene begrenzende Denkweise. Trifft das auch auf dich zu? (Vergleiche hierzu auch meine Bücher "Fast Food für die Seele" und "Wünsche erfüllen, Träume leben" mit mehr Informationen über den Einsatz des Gesetzes der Manifestation, um sich das Leben zu erschaffen, das man haben möchte.)

Wohlstand

Im Folgenden sind die grundlegenden Schritte zur Manifestation von Wohlstand in deinem Leben beschrieben.

Schritt 1
Erkenne die göttliche Substanz als die Quelle allen Überflusses

Meditiere über die göttliche Substanz. Lies Bücher über die Natur der Realität. Erkenne, dass die göttliche Substanz die Quelle allen Überflusses und die Quelle aller guten Dinge in deinem Leben ist. *All deiner guten Dinge.* Das bedeutet, dass nicht dein Beruf, dein Gehalt, deine Auftraggeber, deine Kunden und andere Menschen die Quelle alles Guten in deinem Leben sind. Sie sind die *"Kanäle"* des Guten in deinem Leben. Und da das ein sehr, sehr wichtiger Unterschied ist, wiederhole ich es – sie sind nur die *"Kanäle"*, durch die sich die göttliche Substanz in deinem Leben manifestiert, aber sie sind nicht die Quelle des Guten in deinem Leben. Diese Menschen, diese Kunden, dieser besondere Beruf lenken das Gute ganz gewiss in deine Richtung, aber sie sind nicht die Quelle des Guten in deinem Leben. Sie sind nicht die Quelle des Wohlstands oder Überflusses, den du in deinem Leben manifestierst.

Wenn du erst einmal erkannt hast, dass hinter diesen *"Kanälen"* ein unendlich weites, passives, unbegrenztes Feld liegt, ein Kraftwerk, das wir das Nicht-Manifeste nennen können, das die Quelle alles Guten in deinem Leben und im Leben der anderen Menschen ist – dann kannst du lernen, wie man sich direkt an diese Quelle anschließt und kannst sie aktivieren, um all das Gute zu manifestieren, das du dir wünschst.

Diese Erkenntnis wird dir auch helfen, dich in Zeiten der Veränderung zu entspannen, weil du jetzt verstehst, dass es eine unbegrenzte Anzahl anderer "Kanäle" gibt, durch die sich das Gute in deinem Leben manifestieren kann, wenn sich ein "Kanal" schließt. Das bedeutet auch, dass es in Zeiten der Veränderung wichtig ist, sich auf die Quelle zu fokussieren, die unbegrenzter Überfluss ist, und nicht auf die "Kanäle", durch die das Gute zu dir gelangen kann. (Wenn du die Wege, auf denen das Gute zu dir kommen kann, festlegst, begrenzt du die unbegrenzte Anzahl der Möglichkeiten, mit denen das Universum in der Lage ist, sich so zu organisieren, dass es das Gute für dich manifestiert.)

Schritt 2
Kläre deine Gedanken zum Thema Wohlstand

Wenn du erst einmal erkannt hast, dass die göttliche Substanz die Quelle alles Guten ist, ist es an der Zeit, dass du dir deine Gedanken genauer anschaust. Das kann ein ziemlich schockierender

Vorgang sein, da die meisten von uns ein tief ver-
wurzeltes Armutsdenken und sehr begrenzende Ge-
dankenmuster haben. Also beobachte dich selbst.
Wie viele Male am Tag sagst du dir, dass eine be-
stimmte Sache einfach nicht machbar ist? Oder
dass etwas zu gut für dich ist? Wie viele Male am
Tag fokussierst du deine Aufmerksamkeit auf
Mangel, Begrenzung und Schwierigkeiten? Anstatt
auf Überfluss ...

Deshalb ist der nächste Schritt auf dem Weg
zur Meisterschaft über das eigene Selbst, dieses
begrenzende Denken abzuschaffen und die eigenen
Gedanken zu kontrollieren. Das bedeutet, dass du
jedes Mal, wenn du einen Gedanken an Armut
oder Begrenzung – in Zusammenhang mit dir und
mit anderen Menschen - feststellst, ihn durch
einen positiven, auf Wohlstand ausgerichteten
Gedanken ersetzt. Du kannst das tun, indem du
dich auf all das Gute konzentrierst, das sich bereits
jetzt in deinem Leben manifestiert hat. Lobe und
segne dieses Gute, alles Gute, das du gerade jetzt
hast – und dann sieh dabei zu, wie es zunimmt.
Lobe und segne alles Gute, all die Schönheit, all
den Überfluss, um dich herum, und lade dieses

neue Gute ein, sich in deinem Leben zu manifestieren, hier und jetzt.

Schritt 3
Setze die Macht deiner Worte ein,
um Überfluss zu manifestieren

Wenn du beginnst, deine Gedanken in Bezug auf Wohlstand im Auge zu behalten und zu meistern, kannst du parallel damit beginnen, die göttliche Substanz zu leiten und zu lenken, damit sie Überfluss in deinem Leben manifestiert; das kannst du tun, indem du die Macht deiner Worte einsetzt.

Deine Worte gehören zu den größten Schwingungskräften im Universum. Und wie alle großen Meister es gelehrt haben, bedeutet Meisterschaft über das eigene Selbst, deine Worte zu kontrollieren und sie dafür einzusetzen, jeden rechtschaffenen Wunsch in deinem Herzen zu manifestieren.

Du kannst das zum Beispiel tun, indem du Affirmationen einsetzt – oder definitiv positive Aussagen benutzt. Wiederhole deine Affirmationen mehrere Male am Tag laut. Anders ausgedrückt, werde eindeutig in Bezug auf den Wohlstand, werde dir klar darüber, was du in deinem Leben manifestieren möchtest, damit der Wohlstand auch dir gegenüber eindeutig werden kann! (Weitere Einzelheiten über die Macht der Worte sind in meinem Buch "Fast Food für die Seele" im Kapitel "Die Macht der Affirmation" nachzulesen).

Im Folgenden einige hilfreiche Affirmationen zum Thema Wohlstand:

Göttliche Substanz ist alles, was es gibt.
Göttliche Substanz ist überall präsent, sie
erfüllt jetzt gerade all meine Angelegenheiten
mit Leben und unterstützt sie.

Ich bin jetzt offen für eine massive Zunahme
meines Einkommens.

Unglaublich viel Gutes manifestiert
sich jetzt in allen Bereichen meines Lebens.
Neue "Kanäle" der Versorgung eröffnen sich mir
gerade jetzt. Ich danke jetzt für die bessere
Gesundheit, den zunehmenden Wohlstand und

für mehr Freude im Leben.
Ich lebe in einem konstanten Fluss der Güte.

Jeden Tag erlebe ich auf jede mögliche Art
und Weise mehr Reichtum, Glück und Erfolg.

Wir leben in einem Universum des
Überflusses. Es gibt mehr als genug für mich
und all meine Mitmenschen.

Ich bin die reiche, strahlende Tochter
(der reiche, strahlende Sohn) des unendlichen
Universums und die Erbin (der Erbe) der
gesamten Schöpfung.

Neue Türen sind offen, neue "Kanäle"
sind frei. Ich werde reichlich versorgt.

Aller Reichtum der Welt gehört mir.

Schritt 4
Visualisiere Wohlstand

Es ist auch wichtig, dass du den Wohlstand siehst oder visualisierst, den du im tagtäglichen Leben manifestieren möchtest. Um das zu tun ist es hilfreich, sich ein paar Momente lang zu entspannen und zu meditieren. Wenn du sehr entspannt bist, schau dir den Wohlstand an, den du dir wünschst. Sieh ihn dir so detailliert wie möglich an, wie er sich gerade jetzt (in der Gegenwart) in deinem Leben manifestiert. (Weitere Einzelheiten über diese Art von Visualisierungsübungen sind im Kapitel "Die Macht der Visualisierung" in meinem Buch "Fast Food für die Seele" zu finden.)

Beim Meditieren kannst du auch in das Blau eintauchen (wie auf Seite 38 ff beschrieben), und wenn du dich im Blau befindest, pflanzt du deine Wünsche in diesem Feld des nicht Manifesten oder der göttlichen Substanz, die das Blau ist, ein. Wenn du deine Wünsche in das Blau hineinsetzt, ist es wichtig, dass du das Blau nicht beeinflusst, wie sich deine Wünsche manifestieren sollen. Fokussiere deine Aufmerksamkeit einfach nur kurz auf deine

Wünsche, und sieh dabei zu, wie sie sich – sozusagen aus dem Blauen, aus heiterem Himmel – manifestieren!

Schritt 5
Handle im Sinne des Wohlstands

Wenn du anfängst, die Natur der Realität zu verstehen, und erkennst, dass die göttliche Substanz die Quelle all des Guten in deinem Leben ist, wird es dir immer leichter fallen, im Sinne des Wohlstands zu handeln. Denn als Sohn oder Tochter des unendlichen Universums bist du der Erbe der gesamten Schöpfung, nicht wahr?

Es gibt so viele Arten, wie du anfangen kannst, im Sinne des Wohlstands zu handeln. Wirf oder gib zunächst alle Kleider, Möbel und andere Dinge weg, die du nicht mehr benötigst oder benutzt – oder die nicht das "richtige" Gefühl von Wohlstand vermitteln. Setzte diese Dinge in Umlauf, und schaffe Platz für neues Gutes in deinem Leben. Dann trage deine besten Kleider so oft wie möglich, anstatt sie für besondere Gelegenheiten aufzubewahren. Anders ausgedrückt, wenn du Wohlstand manifestieren möchtest, musst du wie ein erfolgreicher Meister der Manifestation handeln! Also räume dein Handeln auf! Räume deine Gedanken auf, räume deine Worte auf – und dann räume dein Verhalten auf, und beginne damit, dich so zu verhalten wie jemand, der im Wohlstand lebt. Denn in diesem Universum, in dem Gleiches Gleiches anzieht, ist nichts so erfolgreich wie Erfolgsdenken!

Schritt 6
Stabilisiere deinen Wohlstand

Schließlich kannst du deine Meisterschaft festigen und deinen Wohlstand stabilisieren, indem du den Zehnten abgibst. Jeden Monat den Zehnten – oder ein Zehntel deines Nettoeinkommens – abzugeben an die Person oder Organisation, die dir spirituelle Inspiration oder Anleitung bietet, ist eine wunderbare Art, lang andauernden Wohlstand und Überfluss in deinem Leben sicherzustellen. Denn den Zehnten abzugeben ist eine stete Erinnerung oder ein Zeichen dafür, dass du verstanden hast, dass dein

Reichtum und der gesamte Überfluss in deinem Leben aus der Quelle stammt und nicht von anderen Menschen kommt oder durch deine Arbeit entsteht.

Darum sollte auch dein Zehnter direkt an den Lehrer, die Person, die Menschen oder Organisationen gehen, die die Quelle deiner derzeitigen spirituellen Inspiration, Führung oder deines Verständnisses sind, denn deren oder dessen Unterweisungen haben dir geholfen, dass du dich wieder mit der Quelle all des Guten in deinem Leben verbinden konntest.

Gib jeden Monat deinen Zehnten ab, und denke nicht daran, wie das Geld ausgegeben werden soll. Lass das Gute einfach zirkulieren, und es wird wachsen.

– SCHLÜSSEL ZUM ÖFFNEN DES TORES –

Dienen

Indem du deinen Fokus von "Was ist da für mich drin?" auf "Wie kann ich dienen?" veränderst, kannst du zur Veränderung auf diesem Planeten beitragen.

– BITTE EINTRETEN –

Den Fokus auf das höchste Gut richten

Abgesehen von der inneren Arbeit, die in diesem Buch beschrieben wird - dich daran erinnern, wer du bist, das höhere Selbst erfahren, tiefen Frieden erleben, dein Herz öffnen und Licht und Liebe kanalisieren –, kannst du auch auf der äußeren Ebene dienen.

Es ist wirklich ganz einfach zu entdecken, wie man in jeder Situation dienen kann - du musst nur deinen Fokus verschieben von "Was ist da für mich drin?" zu "Wie kann ich dienen, wie kann ich in dieser Situation helfen oder einen Beitrag leisten?" Du findest die Antwort, indem du dir folgende oder ähnliche Fragen stellst: Was ist hier das höchste Gut? Was ist das bestmögliche Ergebnis in dieser Situation, und was kann ich tun, um dazu beizutragen, dass sich das bestmögliche Ergebnis auch manifestiert?

Wenn wir uns auf die Tatsache konzentrieren, dass wir alle miteinander verbunden sind – alle EINS sind im Sein – dass wir alle das Leben und die Evolution hier auf der irdischen Ebene gemeinsam erleben, wird es viel leichter, so zu denken und zu fühlen. Tatsächlich ist es nur die Vorstellung von Getrenntheit, die die Menschen dazu verleitet sich so zu verhalten, als ob ihr Wohl auf Kosten des Wohls einer anderen Person erreicht werden müsste. Das ist ein kurzsichtiges, begrenztes, egozentrisches Denken. Jeder, der Augen hat zu sehen, weiß, dass das Leben auf dem Planeten Erde dieses Bewusstsein der Getrenntheit nicht länger aushalten kann. Die Wahrheit ist: Das Wohl eines Einzelnen ist das Wohl aller. Und je früher wir die Tragweite dieser Wahrheit erkennen, desto besser.

Jeder Einzelne hat besondere Fähigkeiten und einzigartige Gaben. Jeder Einzelne hat seine einzigartige Art, die Dinge anzupacken – und wir alle finden uns ausnahmslos *immer* wieder in Situationen wieder, die uns viele einzigartige Möglichkeiten bieten, diese speziellen Talente und Fähigkeiten zum Wohle der größeren Gemeinschaft und zu unserem eigenen Wohl einzusetzen.

Frage deine innere Weisheit, wie du dienen kannst

Wenn du eine eindeutige Führung erhalten willst, wie du dienen kannst, dann ist es gut, während der Meditation deine innere Weisheit, dein höheres Selbst, zu fragen. Beginne damit, dass du dich bequem hinsetzt, dich entspannst und tief ein- und ausatmest, wie es bereits an anderen Stellen in diesem Buch beschrieben wurde. Wenn du erst einmal tief entspannt bist, kannst du deine innere Weisheit um Führung bitten, wie du ganz allgemein dienen kannst – oder du kannst um eine spezielle Anleitung für eine besondere Situation bitten.

Für viele ist es einfacher, damit zu beginnen, eine Anleitung für eine spezielle Situation zu erbitten. Verhalte dich wie folgt: Nimm eine Situation, die dich belastet, zum Beispiel bei der Arbeit, und dann stelle dir die Situation im Detail vor deinem geistigen Auge vor. Nun frage deine innere Weisheit, wie du in dieser Situation dienen kannst. Du kannst zu dir sagen: "Wie kann ich hier dienen? Was wäre das bestmögliche Ergebnis in dieser Situation? Was ist hier das höchste Gut, und wie kann ich dazu beitragen, das höchste Gut herbeizuführen?" Dann entspanne dich einfach – und atme. Habe keine vorgefassten Ideen darüber, wie die Antworten auf diese Fragen lauten könnten oder sollten. Entspanne dich einfach, atme und gib dich deiner inneren Weisheit hin, und du wirst feststellen, dass Ideen und Bilder sozusagen aus dem Blauen – aus heiterem Himmel – in deinem Kopf auftauchen. Oft wirst du über die Führung überrascht sein. Deine erste Reaktion könnte sein *Aber das kann ich unmöglich tun ...,* aber dann, wenn du genauer hinschaust, wirst du feststellen, dass du, ja, in der Tat, genau das tun könntest. Und genau das ist es, was dazu führt, dass sich das höchste Gut in dieser Situation auf höchst unerwartete Weise manifestiert.

Doch diese Art von Meditation kannst du nicht nur einsetzen, um Führung in speziellen Situationen zu erbitten, sondern auch für viele allgemeine Dinge. Natürlich kennst du bereits zumindest einige Dinge, in denen du gut bist – und einige Wege, wie du dienen kannst. Aber es gibt immer mehr – mehr Wege, mehr Gelegenheiten, ein höheres Gut und mehr Situationen, in denen du dieses Gut unterstützen kannst, indem du dich fragst, wie du dienen kannst.

– BITTE EINTRETEN –

Sich ein positives Ergebnis ausmalen

Oft muss man nicht unbedingt eine besondere Fähigkeit oder ein besonderes Talent einsetzen, wenn man einer Sache dient. Es bedeutet eher, deine Aufmerksamkeit einfach auf das Höchste und Beste zu richten – auf Liebe und Licht – in der Situation oder für die Menschen, um die es geht, anstatt sich auf Begrenzungen zu konzentrieren. Diese Veränderung des Fokus ist eine der höchsten Formen des Dienens, die du ausüben kannst.

Und wenn du dich auf das Höchste und Beste ausrichtest, lass es die anderen, daran beteiligten Menschen wissen. Sage ihnen, dass du der Meinung bist, dass ihr es noch besser machen könnt. Frage sie, was ihrer Meinung nach das beste Ergebnis in dieser Situation sein könnte. Frage sie, was ihrem Gefühl nach das höchste Gut in dieser Situation ist. Und dann schlage vor, dass alle zusammen daran arbeiten, es zu erreichen.

In dieser Situation ist es wichtig, sich ein positives Ergebnis auszumalen – ganz gleich, was gerade passiert, und ganz gleich, worauf der Fokus der anderen gerichtet ist. Lass nicht zu, dass du in einer einengenden Denkweise stecken bleibst. Erkenne deinen Beitrag zur Erlangung eines positiven Ergebnisses, und male ihn dir aus. Schicke Liebe und Licht in die Situation, wenn du meditierst (vergleiche "Das Licht channeln und verankern" auf Seite 48 ff). Dann erkenne, wie mächtig du bist. Erinnere dich an deine wahre Natur, daran, wer du wirklich bist. Erinnere dich, dass du nicht ein Opfer zufälliger äußerer Ereignisse bist, die jenseits deines Einflusses liegen. Erinnere dich, dass du derjenige bist, der in deinem Leben die Wahl trifft und dass du hier auf dem Planeten Erde ein Mitschöpfer bist. Dann konzentriere dich auf das Höchste und Gute – fokussiere dich auf Liebe und Licht – und öffne dich!

Durch das Tor:

Gnade

Erst wenn wir permanent unser
Bewusstsein anheben,
können wir mit Freude in einem
Zustand der Gnade leben.

Ein kurzer Blick auf die Gnade

Wenn du durch das *Tor zur Gnade* gehst, dann sind alle um dich herum Engel. Alle. Alle, die du siehst, alle, denen du begegnest, alle, an die du denkst, sind göttliche Engel. Es gibt keine Ausnahmen von dieser Regel. Keine.

Alle, die du je gekannt hast, alle, die du wahrscheinlich jemals kennen lernen wirst, sind wunderbare Wesen aus Liebe und Licht – das siehst du ganz klar, das fühlst und verstehst du ... und du, du selbst, bist ebenfalls ein wunderbares Wesen aus Liebe und Licht, und auch das siehst und fühlst du, du verstehst es ganz klar. Du hast keine Zweifel daran. Es gibt keine anderen Möglichkeiten, weil andere Vorstellungen einfach nicht gedacht oder in Betracht gezogen werden können, wenn du im Zustand der Gnade bist. Darum wird die Gnade wahrscheinlich als *unglaublich* bezeichnet.

Das Spiel des Karmas wurde ebenfalls zurückgelassen. Ganz weit zurück. Es wurde endgültig ausgespielt und jetzt wie ein altes Spielzeug weggeworfen, das nicht länger interessiert. Karma gehört zu einer Dimension, in der du einmal gelebt hast, aber du findest es nun schwierig, dich daran zu erinnern – und überhaupt, wen interessiert das ... Denn jetzt im perfekten Zustand der Gnade gibt es keine Spur mehr von Karma in dir oder in der Dimension, in der du gerade herumtollst und spielst.

Jetzt herrscht Gnade. Sie ist wie funkelnder Feenstaub. Und wo sie ihren Zauberstab schwenkt, kann nichts verborgen bleiben. Nichts ist verborgen.

Sogar Gedanken sind im Zustand der Gnade sichtbar, lebendig, voller Kraft und sofort manifest. Nein, nichts kann verborgen bleiben, daher gibt es keine Lügen. Aber das spielt keine Rolle, denn Liebe hat nichts zu verbergen und kann sich nicht verbergen. Sogar der Gedanke an eine Lüge oder daran, etwas zu verbergen, sogar die Vorstellung ist hier unvorstellbar, dort, wo die Gnade herrscht ... wie funkelnder Feenstaub ist sie. Siehst du, wie sie glitzert und leuchtet, während sie um dich herumwirbelt, sie wird ein Teil von dir ...

Ist das irgendein Traum von der Zukunft? Irgendein Hirngespinst, das nur eine Träumerin wie ich haben kann?

Ich denke nicht.

Ich sehe ihn überall um mich herum, diesen Traum, dieses Verlangen danach.

Ich sehe es überall.

In deinen Augen, in meinen eigenen. Er ist da. In den Augen aller Menschen.

Du weißt das.

Ich weiß das.

Wir alle wissen das.

Das ist unser Schicksal.

Darauf steuern wir zu. In diese Richtung gehen wir. So schließen wir die Erdenschule ab. Also, warum warten? Warum warten?

Er wird nicht von oben kommen, dieser Zustand der Gnade, er wird nicht von weit entfernten

153

Reichen herbeieilen. Nein, meine Freunde, schaut nicht zu weit entfernten Sternen hin ... es gibt nur einen Weg ... nur einen Ort ...

Nimm dir Zeit.
Schaff' den Raum,
nach innen zu geh'n
und die Gnade zu schau'n.

Über die Autorin

Barbara Berger ist eine spiri-
tuelle Lehrerin und Autorin, die
sich bewusst der Einordnung in
jedwede Religion oder Tradition
entzieht, da es vielmehr ihr Ziel
ist, das alte spirituelle Wissen
rein und unverfälscht zu kom-
munizieren. Ihre Intention ist es,
die Leser aus einem Leben, das geprägt ist von Ent-
behrungen und Problemen, herauszuführen, hin
zu tiefem Frieden und Harmonie.

Barbara Berger ist die Autorin des internationalen
Bestsellers "Fast Food für die Seele. Einfach das
Leben ändern", der bislang in 30 Sprachen übersetzt
wurde. Daneben hat sie mehr als zehn weitere
Selbsthilferatgeber verfasst. Die Autorin lebt und
arbeitet in Kopenhagen, Dänemark.

Weiterführende Informationen zu
Büchern, Autoren und den Aktivitäten
des Silberschnur Verlages erhalten Sie unter:
www.silberschnur.de

Sie können uns alternativ
die beiliegende *Postkarte* zusenden.

Ihr Interesse wird belohnt!

Interessante Diskussionen zu
den Themen des Silberschnur Verlages
finden Sie unter:
www.forum-spiritualitaet.de

*Tauschen Sie sich mit anderen Lesern
aus über Inhalte und Themen,
die Sie wirklich interessieren!*

Hier geht die Silberschnur-Welt weiter!

Rajendar Menen

Mudras – Die Energie deiner Hände

Indisches Fingeryoga

Die wohltuende Wirkung von Mudras, das Yoga der Hände, können Sie nahezu überall genießen. Sie benötigen dabei keine komplizierten Hilfsmittel, um Ihren Körper zu verjüngen, Krankheiten zu heilen oder gar zu spiritueller Erleuchtung zu finden.

176 Seiten, broschiert,
€ [D] 6,95
ISBN 978-3-89845-275-5

Mudras können zudem von absolut jedem erlernt werden, sie sind nie anstrengend und das ideale Heilmittel unserer Zeit.

Elizabeth Clare Prophet

Mantras des Westens

Mit der Kraft des Wortklanges

Auf ihre einfache und eindrucksvolle Art führt die amerikanische Bestseller-Autorin die Macht des Wortes in all seinen Nuancen vor, wobei ihre Fallbeispiele jeden noch so skeptischen Leser von der Wirksamkeit des gesprochenen Wortes überzeugen müssen ...

128 Seiten, broschiert
€ [D] 6,95
ISBN 978-3-89845-171-0

Lama Jigmela Rinpoche

Der tibetische Buddhismus

Schlüsselwörter von A bis Z

Wollten Sie schon immer wissen, was Buddhismus eigentlich bedeutet? Lama Jigmela Rinpoche legt dem westlichen Leser hier ein Buch vor, das einen wunderbaren Einstieg in den Buddhismus darstellt, indem er deren Schlüsselwörter erklärt, die im Westen oft nicht richtig erläutert oder falsch verstanden werden.

248 Seiten, broschiert
€ [D] 6,95
ISBN 978-3-89845-229-8

Elizabeth Clare Prophet

Die Entfaltung deiner Seele

So findest du die Perle deiner wahren Identität

Unsere Seele wird manchmal mit einer Perle verglichen, die in den Ozean des materiellen Universums geworfen wurde. Das Ziel unseres Lebens ist es nun, diese Perle aufzuspüren und unsere wahre Identität wiederzufinden.

160 Seiten, broschiert
€ [D] 6,95
ISBN 978-3-89845-273-1

Dieses Buch lässt dich erwachen und zeigt dir Wege auf, über dich selbst hinauszuwachsen! Deine persönliche Seelengeschichte wartet darauf, von dir gelebt zu werden!

Brenda Barnaby
Das Geheimnis hinter
»The Secret«

Alle Geheimschlüssel der populären
Botschaft, die Rhonda Byrne in ihrem
Werk »The Secret – Das Geheimnis«
verkündet, werden hier enthüllt, um
jedem von uns Zugang zu seinem eigenen Weg zu vermitteln. Sie halten
hiermit zweifelsohne ein Buch von un-
schätzbarem Wert in Händen, das Ihr Leben verändern kann,
wenn Sie bereit sind für ein Leben voller Erfolg, Wohlstand,
Gesundheit und Harmonie.

184 Seiten, gebunden
€ [D] 17,90
ISBN 978-3-89845-242-7

Theo Fischer
Das Tao der Selbstfindung

Dieses Buch vom Autor des Bestsellers »Wu wei – Die Lebenskunst des
Tao« ist eine Lektion in Sachen Hin-
wendung zur Wirklichkeit. Wer den Mut
aufbringt, sich dem objektiven Zustand
seines Lebens ehrlich und rückhaltlos
zu stellen, wird erleben, dass er damit
den Kraftschluss herstellt, der jene
Energien freisetzt, mit denen er seine
Probleme lösen kann.

248 Seiten, broschiert
€ [D] 11,90
ISBN 978-3-931652-85-2